本书为 2021 年江苏省社科基金一般项目"突发公共事件外交话语的语用策略及翻译研究"(项目编号：21YYB013)、2020 年国家社科基金重点项目"回应突发舆情的政务微博话语及政务语言能力建设"(项目编号：20AYY009)及国家社会基金重大项目"网络空间社会治理语言问题研究"(项目编号：20&ZD299)的部分成果

《语用学学人文库》编委会

语用学学人文库

何自然 主编

身份建构与关系管理

网络互动话语的批评语用研究

Identity Construction and Rapport Management:
A Critical Pragmatic Study of Online Interactive Discourse

钱永红 著

暨南大学出版社

JINAN UNIVERSITY PRESS

中国·广州

图书在版编目（CIP）数据

身份建构与关系管理：网络互动话语的批评语用研究/钱永红著．—广州：暨南大学出版社，2023.3
（语用学学人文库/何自然主编）
ISBN 978 - 7 - 5668 - 3633 - 5

Ⅰ．①身…　Ⅱ．①钱…　Ⅲ．①网络用语—研究　Ⅳ．①H034

中国国家版本馆 CIP 数据核字（2023）第 045257 号

身份建构与关系管理：网络互动话语的批评语用研究
SHENFEN JIANGOU YU GUANXI GUANLI：WANGLUO HUDONG HUAYU
DE PIPING YUYONG YANJIU
著　者：钱永红

出 版 人：张晋升
策划编辑：杜小陆　黄志波
责任编辑：黄志波
责任校对：苏　洁　黄亦秋
责任印制：周一丹　郑玉婷

出版发行：暨南大学出版社（511443）
电　　话：总编室（8620）37332601
　　　　　营销部（8620）37332680　37332681　37332682　37332683
传　　真：（8620）37332660（办公室）　37332684（营销部）
网　　址：http：//www.jnupress.com
排　　版：广州良弓广告有限公司
印　　刷：佛山市浩文彩色印刷有限公司
开　　本：787mm×1092mm　1/16
印　　张：13
字　　数：220 千
版　　次：2023 年 3 月第 1 版
印　　次：2023 年 3 月第 1 次
定　　价：52.80 元

总　序

　　语用学（pragmatics）作为一门学科，近二十多年的发展日新月异。语用学的学术视角从最早的语言哲学扩展到语言学，逐渐触及语言学的各个领域，出现了各类与语用学相结合的新兴学科和边缘学科，对翻译学、外语教学、词典编撰、跨文化交际、人工智能、文学批评、心理学等许多相关学科产生了深远的影响。语用学现已成为当代语言学中的显学，吸引了越来越多的学者从事语用学的学习、教学和研究。

　　20世纪60至70年代，与语用学有关的课题在西方语言哲学的日常语言学派中十分盛行，但它直到70年代末至80年代初才成为语言学的一个分支学科。1977年，《语用学学刊》（*Journal of Pragmatics*）在荷兰发行，标志着语用学作为一个学科得到正式确认。同一时期，pragmatics引入日本，被翻译为"語用論"，日本学者毛利可信于1978年就曾以"意义的不确定性——从语义学到语用学"为题发表过文章；1980年，毛利可信出版了亚洲第一部语用学专著《英語の語用論》（《英语语用学》）。在我国，语言学界前辈许国璋先生于1979年在中国社会科学院语言所主持出版的《语言学译丛》中就曾连续译介过与日常语言哲学有关的奥斯汀的《论言有所为》等文献。《语言学译丛》改版后的《国外语言学》季刊在1980年就刊登了胡壮麟先生介绍国外语用学的文章。到了1983年，西方正式出版了列文森的《语用学》（*Pragmatics*）和里奇的《语用学原理》（*Principles of Pragmatics*）。这些国外语用学经典著述，经我国学者不懈引进，语用学在我国开始扎根、发芽。随后，经过三十多年的努力，我国语用学研究得到不断发展，研究队伍不断壮大，与国外同行学者之间的学术交往日益增多，并不断产出具有国际视野的研究成果，体现出中国学者的学术见解和创新。

　　当然，我国语用学研究的全面创新及语用学学科的深度发展还有很长的路要走；作为我们自己的学术团体，中国语用学研究会也有很多工作要做。2011 年，第十二届全国语用学研讨会暨第六届中国语用学研究会年会在山西大学外语学院召开之际，研究会常务理事会决定组织出版《语用学学人文库》（以下简称《文库》），并成立了编委会，约请暨南大学出版社自 2012 年起出版语用学方面的有关论著。中国语用学研究会认为，在这个时候筹划出版《文库》丛书是有其积极意义的，可以极大地促进我国语用学教学与研究的繁荣，使汉语、外语学习和实际运用得到应有的重视，使汉语在我国社会经济生活中的使用质量得到不断提高，并为在国际上普及汉语和宣传中华文化而出力。

我们计划《文库》丛书每年出版 2 至 3 部专著。这些著述将着重反映以下三个方面的内容：第一，评介当前国外语用学学科的前沿课题；第二，结合和借鉴国外语用学的理论和实践，指导并提高我国汉语和外语的教学与研究；第三，介绍我国学者在语用与社会、语用与文化、语用与翻译、语用与心理、语用与认知等方面的创新成果。

我们曾征询过国内外有关专家、教授、学者的意见，草拟了一份《文库》选题建议，发布在"中国语用学研究会网"（http：//www. cpra. com. cn）上，供大家撰稿时参考。我们盼望我国从事语用学教学与研究的同仁能够积极支持这个《文库》的出版计划，踊跃撰稿，为进一步繁荣我国语用学的学术研究作出贡献。

《语用学学人文库》编委会

2012 年 5 月

目　录

第 1 章

绪 论

随着网络技术的快速发展和普及，网络互动交际方式逐渐在日常生活及商业活动中占据越来越重要的地位，给人们的生活带来极大的便利，信息传播的速度之快、范围之广也达到了前所未有的程度。这种由于技术发展带来的新兴交际空间和交际方式也催生了网络环境下所特有的语言表达方式，其中既有让人耳目一新的网络流行语，同时也涌现出一些不恰当的语言语用方式，比如极具人身攻击性的网络暴力语言等，给网络交际的文明与秩序带来了极大的挑战，也给国家信息化战略中的网络文化建设提出了新的课题（袁周敏、韩璞庚，2018）。

党的十八大报告明确指出，当前我国应当大力倡导富强、民主、文明、和谐，倡导自由、平等、公正、法治，倡导爱国、敬业、诚信、友善，积极培育和践行社会主义核心价值观。这些核心价值体系不仅应该体现在每位公民的日常生活和工作中，同时也应体现在网络交际的语言使用中。此外，党的十九大报告也明确指出，我们应当加强互联网的内容建设，力求建立全面综合的网络治理体系，推动中国新时代网络语言文明建设。网络交际作为一种新型的交际方式，其中很多语言使用问题亟待关注和研究。本书力求在对网络不文明话语现象进行描述的基础上，对其特征及原因进行分析和批判，同时倡导文明、礼貌、适切的语言语用方式，以期从语言学视角为新时代网络交际的文明与和谐进行规范和引导。

本书拟采用批评语用分析框架，基于饭店商家的网络评论回应语篇的一手语料，描述其中所使用的言语行为类型及商家通过这些言语行为建构的语用身份类型，分析其身份建构的动因，并从消费者访谈的角度来探讨这些身份建构类型的适切性，最后从批评语用学视角对其展开评价，以期弘扬文明、礼貌、适切的网络互动交际方式。

1.1　研究背景

随着现代技术的发展和网络的普及，越来越多的餐饮、住宿及休闲娱乐服务商家均选择与各种网络平台合作，给人们的出行消费提供了更多的选择、比较及互动交流的机会（Mudambi & Schuff，2010；Archak et al.，2011；Gao et. al.，2018）。这些网站或 App 能同时满足商家及消费者的双向需求，一方面可以为消费者提供对所购买的商品或服务进行评价与反馈的机会，从而为其他潜在消费者提供参考（O'Connor，2010；Xiang & Gretzel，2010）；另一方面，也有助于商家及时了解消费者的反馈意见，必要的时候给予针对性回应，或进一步改进商品或服务的品质。

近年来，已有多项研究表明，消费者自发产生的网络评论对商家形象和产品服务的销售会产生很大的影响（如 Chevalier & Mayzlin，2006；Anderson & Magruder，2012；Ho，2017；Nakayama & Wan，2018；Ren，2018b；Feng & Ren，2019）。尽管这种网络评论体裁非常重要，但到目前为止，该领域的研究还是不够丰富（Leung et al.，2013；Ho，2017）。Park 和 Allen（2013）认为，网络负面评论主要是因消费者对商家的产品质量、产品丰富度、服务水平等方面存在不满而实施的抱怨或批评；如果处理不当，将会对商家的形象和声誉产生极大的负面影响（Ho，2017）。因此，企业或商家管理人员会竭尽全力去提高自己的客户在网络上的评价等级；而当遇到有损商家形象的负面评价时，商家也会采取有效的话语策略去应对商家与消费者之间的危机关系，从而尽力消除负面评论给自己带来的不良影响（Looker et al.，2007；O'Connor，2010；Litvin & Hoffman，2012）。

目前大部分研究主要考察了网络评论中包含的内容，并总结出一系列话步类别，包括纠正话步、道歉话步、感激话步、阐释话步、说明话步、行为话步等（Davidow，2003；Levy et al.，2013）。还有部分学者主要聚焦于分析商家网络负面评论回应中的言语行为与关系建构策略（如 Morrow & Yamanouchi，2020；Qian，2020），并比较了不同语言文化背景的回应者在应对中采用的话语策略方面的异同。到目前为止，学界对商家网络负面评论回应中言语行为使用的研究虽偶有涉及［如 Morrow & Yamanouchi（2020）的道歉言语行为］，但目前主要研究了其中的道歉言语行为，其他的言语行为成分主要是被看作伴随话步来对待，未能全面考察其中使用的言语行为情况，且对回应话语中的语用身份建构及参与关系管理的人际语用机制缺乏深入研究。此外，目前大部分研究语料均来自国外一些广受欢迎的旅游网站上（如 booking、tripadvisor 等）的英语评论及回应语篇，很少有研究考察其他领域、除英语以外的其他语言在应对消费者网络评论时所采用的语用策略及关系管理问题。中国是网络商业遥遥领先的国家之

一，却很少有研究涉及中国网络消费者差评回应策略，实属遗憾（Feng &
Ren，2019）。

　　因此，本书采用中国发达城市饭店商家对消费者网络差评的汉语回应
语篇语料，考察商家在因消费者的网络公开负面评论而遭受形象危机的这
种特殊语境下使用的言语行为情况，以及商家通过言语行为建构的语用身
份如何有效地修复或提升与不满消费者的人际关系并维护自身良好的商家
形象。本书拟建构将言语行为、语用身份及和谐关系管理融为一体的分析
框架，进一步丰富人际语用视角下的身份建构研究成果，同时为商家在网
络危机语境下维护良好形象并修复和提升人际关系提供理论与实践指导。

1.2　主要研究内容

　　身份建构是人际关系建构的必要过程，人际关系是身份建构的构成要
素，两者之间存在着不可分割的密切关系（Spencer-Oatey，2013；Locher，
2013）。近年来，随着研究的逐步深入，身份建构与人际语用的交叉研究
已成为语用学领域的新兴话题和热点之一（Locher，2011；Haugh et al.，
2015；冉永平，2015；陈新仁，2018），部分学者对相关理论进行了创新
与探索（如 Locher，2013；李成团、冉永平，2015；冉永平，2015），也有
学者结合交际语料开展实践应用（Miller，2013；Bolander & Locher，2015；
李成团、冉永平，2017；Chan et al.，2018；Aldrin，2018；Kiernan，
2018；陈新仁，2018），还有部分学者考察了网络交际中语用身份建构的
话语策略和人际功能（Locher et al.，2015；Donaghue，2018；Yuan，2018）。
但总的来说，现有研究对网络危机语境下的身份建构关注不足，尤其对企
业机构或网络商家等集体身份建构的考察更显匮乏，亟待进一步深入拓展
（吕金妹、詹全旺，2020）。

　　陈新仁（2013）认为，语用身份指语言使用者基于语境条件及交际目
标而动态选择或建构的身份（pragmatic identity 或 identity in use），并指出
语用身份是交际者某个"特定的社会身份在语言交际语境中的具体体现，
是在语境和语用的作用下衍生出来的结果"。近年来，社会建构主义视角
下的身份话语研究已成为语用学领域的新兴话题及热点之一（袁周敏，

2011；王雪玉，2013；Yuan，2013；陈新仁，2018；蒋庆胜，2019），相关研究呈现快速增长趋势，展现出较强的解释力。从涉及的话语领域来看，语用身份研究主要涉及学术话语（如任育新，2013；孙莉，2015；陈新仁、李梦欣，2016；郭亚东，2016；李娟，2016；钟家宝，2018；Luzón，2018；李娜、景小平，2019）、医疗话语（袁周敏、陈新仁，2013；柴改英、韩骅，2017；王茜、游越、纪昌娥，2017）、教育话语（徐敏、陈新仁，2015；吴珏，2015；陈静，2017）、外宣话语（柴改英、韩骅，2017）、诈骗话语（钱永红，2019）等，取得了较为丰硕的成果。也有少数研究考察了商业话语中的身份建构问题，主要涉及广播、电视或报纸的商业话语（Saz-Rubio & Pennock-Speck，2009；袁周敏，2013，2015，2016；王雪玉，2016）等，但对网络商业话语中的身份研究关注尚显不足。何荷、陈新仁（2015）研究了网络商品描述话语中淘宝店主通过称呼语的使用而建构的语用身份，为网络商业话语的身份研究作出了较好的尝试。随着网络交际的日益频繁，越来越多的研究者逐渐开始关注网络话语中的身份建构现象（如 Lia et al.，2017；Luzón，2018），网络交际中的身份研究已成为网络话语的前沿热点研究（Yuan，2018），具有较大的拓展空间。因此，本书拟采用饭店商家网络负面评论的回应互动话语为研究语料，考察在网络公开抱怨及回应的这种特殊语境下，商家如何通过言语行为建构适切的语用身份来修复与差评消费者的关系，并在其他潜在消费者眼中维护良好的形象，从而顺利实现和谐关系管理。此外，本书拟在此基础上探索语用身份的关系管理路径，进一步丰富语用身份研究成果，同时为商家应对负面评论提供理论与实践参考。

本书基于商家与消费者网络评论与互动的一手语料，聚焦于商家对差评进行回应时使用的身份策略类型、关系管理效果以及适切性等问题，主要从批评语用学视角探讨以下四个方面的内容：第一，饭店商家管理者或店主在对消费的网络差评进行回应时，一般倾向于使用哪些类型的言语行为，其各自的使用频率呈现哪些规律和特征？第二，商家在对网络差评进行回应时，通过这些言语行为建构了哪些类型的语用（变异）身份？第三，在网络公开交际语境下，商家通过特定言语行为建构语用身份的动因是什么？第四，在网络公开交际语境下，商家建构的语用身份的适切性如何，分别有哪些值得弘扬和不值得提倡的语用身份策略？本书从批评语用

5

学视角将语用身份建构与和谐关系管理框架有机融合，提出了批评语用学视角下语用身份建构与和谐关系管理的研究路径。此外，本书对商家网络差评的形象危机应对实践具有一定的指导作用。

1.3 研究意义

本书基于饭店商家网络差评回应互动话语语料，考察其中言语行为的使用情况，以及商家通过这些言语行为建构的语用身份类型，并从和谐关系管理视角阐释商家建构这些语用身份的内在动因，最后从批评语用学视角对不礼貌及不适切的身份建构类型及语言实践展开批评分析。

本书认为，在网络公开交际这种特殊语境下，商家在网络差评回应话语中主要采用道歉言语行为对消费者所抱怨或批评的内容进行道歉，抚慰消费者的情绪；同时还会使用致谢、承诺、请求、陈述、邀请等其他共现的言语行为联合实现与消费者的更好沟通，并采用这些言语行为共同建构适切的语用身份来进行有效的关系管理，其目的主要是在修复和提升与消费者关系的基础上，力求维护商家的良好形象，从而达到留住顾客并吸引更多潜在消费者的目的。当然，也有部分商家会采用一些不恰当或不礼貌、不文明的语言语用方式对顾客的差评进行回应，并建构一些消极的语用身份，损害商家与顾客的关系，本书从消费者受众访谈的角度对这些不文明、不适切的身份建构展开批评，倡导正确的交际方式。

具体来讲，本书主要有以下两方面的研究意义。

从理论方面来讲，可进一步拓展批评语用分析框架。本书将批评语用分析框架与和谐关系管理模式进行融合，进一步完善了批评语用学的理论分析工具。此外，本书还将身份建构与和谐关系管理框架深度融合，从身份建构的角度来探讨和谐关系管理的人际语用机制。

从应用方面来说，通过对商家网络评论回应话语的批评语用分析，一方面批评不礼貌、不适切的语言语用方式，另一方面倡导正确、礼貌的语言语用方式，从而促进新时代网络话语文明建设，在一定程度上提升网络语言生活质量语言。此外，通过总结网络互动中不礼貌话语的语言语用特征，可以为网络话语监管提供识别、预警机制，进一步促进网络社交媒体平台的健康、有序发展。

本书旨在通过网络话语的批评语用分析，促进网络话语文明建设，同时提升国民的语言素质，为良好的国民形象乃至国家形象的塑造提供理论指导。合理规范网络话语，可以避免一些不礼貌话语的传播，在世界范围内树立良好的文明形象。

1.4　内容结构

除绪论外，本书还包含十个章节。第 2 章主要回顾网络评论话语的研究领域、研究问题及取得的相关成果，并在前人研究成果的基础上，提出本书的研究空间。第 3 章首先介绍身份的概念和起源，然后介绍社会学、心理学、社会心理学、传播学等学科关于身份的界定，特别是社会建构主义视角下的身份研究，并在汲取前人研究主要观点和精髓的基础上，厘清语用学视角下的身份概念、分类和特性。随后，梳理近几十年来身份建构的主要研究路径、研究对象、研究方法，为本书的研究奠定理论基础，厘清前人研究的不足，作为本书突破的研究起点和重点。第 4 章首先介绍批评语用学的理论起源、形成与发展，随后介绍批评语用学的学科性质与主要话题，并梳理现有研究涉及的领域、方法及路径，提出其可进一步拓展的空间，为后文的展开做好铺垫。第 5 章回顾 Spencer-Oatey 的关系管理理论的三个核心概念、关系管理涉及的五个域的策略，以及影响这些策略使用的三大要素，然后在陈新仁（2018）的新型关系管理模式基础上，添加关系管理的身份维度，以及关系的修复这个交际取向，并尝试从批评语用学视角将身份策略与关系管理的过程和维度相结合，建构批评语用学视角下的身份与关系管理分析框架，为本书后续分析提供可操作的分析路径。第 6 章首先简要回顾前人关于网络身份建构的相关研究基础，然后介绍本书的研究对象及研究内容，并详细阐述开展研究的语料来源、收集方法和分析方法，为后续分析和阐释做好充分准备。第 7 章主要考察商家在顾客负面评论的回应语篇中所使用的言语行为类型及使用比例情况。第 8 章根据商家在网络差评回应话语中所使用的言语行为类型，考察商家通过这些言语行为所建构的语用身份类型。第 9 章在和谐关系管理与身份理论框架的基础上，从面子维度管理、利益维度管理、权利与义务维度管理、情绪维度管理、交际目标维度管理、礼貌评价维度管理等维度，分别对网络差评语境下的饭店商家身份建构与和谐关系管理过程进行阐释。第 10 章在批评语用学视角下，以及语用身份建构与和谐关系管理的理论框架基础上，采用批评语用分析视角，结合受众访谈，分别对饭店商家建构的积极身份类型和消极身份类型进行批评语用分析，从而对商家身份建构的适切性进行分析。第 11 章简要总结前面研究的过程与所得出的结论，并提出研究的不足之处与后续研究可能存在的拓展空间。

第 2 章

网络评论话语研究

2.1 网络评论话语的研究领域及研究问题

随着网络技术的快速发展和普及，消费者自发产生的商品或服务网络在线评论已成为人们日常生活和消费的重要参考信息来源，也是商家与消费者沟通的一种重要渠道。作为一种新兴的网络交际方式，网络评论话语也引起了国内外众多学者的关注。目前网络评论话语的研究领域主要涉及影视网络评论话语研究（如唐宏峰，2011；杨晨，2013；张瑶，2018 等）和社交媒体网络评论话语研究（如 Ho，2014；Ho，2017；Ren，2018；Feng & Ren，2019；金梅、袁周敏，2020 等）。

2.1.1 影视网络评论话语研究

关于影视网络评论话语的研究，目前主要关注其中的网络暴力话语及潜在的负面意识形态问题。研究者们主要考察了这些暴力话语的表现和特征，并分析了其反映的社会心理和内在动因。比如，杨晨（2013）研究了电影网络评论中暴力话语的特征，发现这些暴力话语主要是以非理性的污言秽语对电影或演员、导演等进行人身攻击。研究认为，网络上对电影展开的评论所包含的攻击性暴力话语反映了个别网友的怨恨和仇视心态。这种心态平时可能隐藏在心中不易被发现，但可能会由于受到社会现实的刺激，而在网络上通过对电影情节或角色的评价而发泄出来。针对这种情况，国家采取检测、屏蔽、筛选等措施进行互联网综合治理，使得这种网络暴力话语现象有了一定程度的收敛。但是这种处理方式仅仅暂时取得一些效果，并未能从根源上为其找到治愈和排解的有效办法。现实生活中的路怒症或者其他的一些极端暴力事件，也是这种心态的表现和爆发形式。文章认为，如果想从根本上解决这种暴力心态问题，还需要进一步提供公平合理的竞争机制，努力把个别网友的这种怨恨心态引导转变为推动社会进步的积极力量。唐宏峰（2011）的研究也发现，电影网络评论互动话语中包含着一些暴力话语，从一定程度上表现了当代网络媒体互动话语的一些网络文化特征，它一方面展示了网络话语的某些特征，另一方面也揭露了这些话语特征与网络暴力之间可能存在的矛盾。这种矛盾的现状也是20

世纪 90 年代以来中国社会文化发生的一个重大转变，还涉及边缘性的青年亚文化、粉丝文化、大众媒介素养等诸多问题。

互联网作为一种技术手段，已经成为人类生活和生存中与世界和他人发生关联的重要渠道，也是人们生活和工作中不可或缺的一种沟通方式。张瑶（2018）认为，网络交际的出现不仅改变了人们的日常交际方式和言语方式，还从整体上改变了人与世界的关系。随着互联网的快速发展，网络所涉及的活动日益丰富，从信息交流、知识学习到商业贸易，从日常起居、社会交际到旅游出行、社会集群等，样样俱全，几乎涵盖了所有的人类活动。毫不夸张地说，如今的网络已经发展成为一种完整而丰富的、真实存在的社会形态。与此同时，网络的产生和发展也扩大了广大中国民众的个人话语空间，提升了他们的话语权。网络话语权是因网络的发展而催生的社会话语权的转移，也就是民众在网络平台中发言的权利和发言的影响力。互联网技术的不断发展和完善，不仅将世界从时间和空间上链接为一个完备的整体，还有助于思想观念和人类价值观的形成和发展，并最终对人类的精神世界产生重要的影响。影视网络评论作为网络时代的新生事物，彰显了普通大众在网络中的话语权，同时也可能会进一步催生人们对网络之外的权利的觊觎。影视网络评论的创作者和读者都是普通大众，它既是大众群体产生的评论，又是面向大众群体的评论，其本质是一种个人精神世界和思想观念的表达。张瑶（2018）认为，随着电影市场化机制的推进和完善，电影制作者对大众群体的欣赏和品位需求表现出更多的关注，但观众们在网络上发表观点和进行自由评论也会对电影的制作起到更好的借鉴、监督和推动作用。文章建议普通大众在网络上表达观点时尽量注意文明措辞，避免过度宣扬负面情绪，努力创造出和谐向上、能引导大家达成共识的积极氛围，更好地完成网络文化和电影文化建设的历史使命。

以上这些研究揭示了网络评论话语中所涉及的意识形态、语言语用问题等，也进一步彰显了网络评论话语研究的重要性和迫切性。下面我们来回顾一些学者对社交媒体网络评论话语的研究及取得的成果。

2.1.2　社交媒体网络评论话语研究

随着现代技术的发展和网络的普及，越来越多的餐饮、住宿及休闲娱乐服务机构选择与各种网络平台合作，给人们的出行消费提供了更多的选择、比较及互动交流的机会（Mudambi & Schuff，2010；Archak et al.，2011；Gao et al.，2018）。这些网站或 App 能同时满足商家及消费者的双向需求，一方面可以为消费者对所购买的商品或服务提供评价和反馈的机会，从而为其他潜在消费者提供参考（O'Connor，2010；Xiang & Gretzel，2010）；另一方面也有助于商家及时了解消费者的反馈意见，必要的时候给予针对性回应，或进一步改进商品或服务的品质。目前已有多项研究表明，消费者网络评论对商家形象及其他潜在消费者的消费选择有着越来越重要的影响（Ho，2017；Ren，2018b；Feng & Ren，2019），消费者自发产生的网络评论对产品的销售或服务会产生很大的影响（如 Chevalier & Mayzlin，2006；Anderson & Magruder，2012；Nakayama & Wan，2018）。尽管这种网络评论体裁非常重要，但到目前为止，该领域的研究还是不够丰富（Leung et al.，2013；Ho，2017）。

目前，社交媒体也已成为消费者们搜索信息、作出集体计划或决定，或通过贴图、发送信息和媒体分享等方式来记录消费经历的极受欢迎的交流工具（Xiang & Gretzel，2010；Leung et al.，2013；Zeng & Gerritsen，2014）。社交媒体工具交流的显著特点是它能在公共空间有效促进消费者和商家（比如旅游公司）之间的动态交流。这些互动交流会产生一些旅游信息和观点，并对大众旅游消费的选择产生一些影响（Xiang & Gretzel，2010；Yoo & Gretzel，2011）。比如，Sedera 等（2017）认为社交媒体上产生的观点会形成消费者的旅游期待，也会对他们旅游的满意度产生影响。这也印证了其他研究者得出的结论：社交媒体使得消费者在网络价值观念的形成过程中成为积极的参与者和构建者（Hennig-Thurau et al.，2010；Kozinets et al.，2010；Quach & Thaichon，2017）。

以往的研究主要聚焦于社交媒体网络评论对旅游消费的积极作用方面（Dijkmans，Kerkhof & Beukeboom，2015）。比如，一些研究讨论了社交媒体网络评论所产生的积极口碑（word-of-mouth）（Luo & Zhong，2015）。此外，还有一些研究者发现了社交媒体网络评论中的抱怨行为所产生的负面效应（Champoux，Durgee & McGlynn，2012）。比如，Dolan 等（2019）研究了社交媒体网络评论中关于澳大利亚大型航空公司的抱怨行为，并提出了如何避免这些抱怨行为形成负面价值观念的对策和建议。Vásquez

（2011）研究了消费者的网络抱怨语，发现抱怨言语行为一般以固定的言语行为群组搭配的形式出现，与建议、推荐言语行为伴随出现，而不是警告、威胁。还有少数研究考察了网络评论中的策略和面子问题，以及商家服务态度对消费者网络抱怨语语力的影响情况。比如 Ren（2018b）研究了中国网络消费者网络评论中的面子消减策略，包括弱陈策略（understa-ter）、否定策略（negating）、模糊策略（hedge）、免责策略（disclaimer）、网络交际委婉语策略（computer-mediated communication cues and euphe-mism）等。金梅、袁周敏（2020）认为，随着数字技术的发展和网络交际的普及，商品或服务的网络评论已经成为消费者分享和参考购物体验的重要渠道，同时也是商家提升产品和服务质量的重要信源。他们以大众点评上的食品差评为语料，考察抱怨语中所包含的积极评论占比及相关语言特点、涉及的抱怨言语行为和采用的抱怨策略三个维度，分析了网络购物评论中的抱怨语使用情况。研究发现，消费者差评抱怨语的语料内包含的积极评论达到22.3%，在语言特点上多使用转折连词、名词性主谓结构及转折性副词等；与抱怨言语行为共现的言语行为类别主要包括断言类、表情类、指令类和承诺类等；抱怨策略主要集中于明确抱怨和质问谴责等。该研究进一步证实了服务态度是影响消费者抱怨语语力的重要变量，并发现了网络交际的特殊形式对抱怨语的使用所产生的影响。还有一些学者从话语分析视角考察了网络负面评论的话语语用特征（Vásquez，2011，2013），或研究了汉语和英语宾馆评论中的参与模式（Tian，2013）等，此处不再详述。

以上文献涉及的研究领域包括影视网络评论和社交媒体网络评论，有的聚焦于网络评论的意识形态问题，有的聚焦于网络评论的积极效果，有的聚焦于网络评论可能带来的负面效果，还有的聚焦于网络负面评论的语言特点及话语策略。这些研究一方面揭示了网络评论中可能存在的一些问题，另一方面也充分揭示了商家与消费者的网络互动交流对各自产生的重要影响。由此可见，在当今网络交际日益频繁的高科技时代，商家与消费者的网络互动话语研究极具紧迫性和必要性，也展现了网络评论话语研究的巨大拓展空间，值得我们进一步拓展和深挖。下面我们再从商家对网络评论进行回应的角度来梳理相关研究及获得的研究成果，并在前人研究的基础上挖掘商家与消费者的网络互动话语中尚待开发的研究空间。

2.2 商家对网络评论的回应研究

商家对网络评论的回应研究主要包括两方面，一方面是从旅游管理视角考察商家回应的必要性、重要性以及回应的及时性所产生的交际效果，另一方面主要是从话语分析的视角来考察商家回应所包含的话步及采用的策略。

现代网络技术极大地改变了人们的生活方式，也改变了消费者交流和信息获取的方式（O'Connor，2008）。最明显的例子是网络社交媒体、网络购物平台上由消费者对商家产品和服务质量等内容进行评论所产生的大量参考信息，人们也将其称为电子口碑或网络口碑。跟传统口口相传的口碑不同，这种网络口碑的传播速度更快，涉及范围更广，基本不会受到社会因素、地理位置和时间因素的限制，因而其产生的影响力更大。这种网络信息形式也逐渐形成了一个新的体裁，即商家的网络评论回应。这种回应被称为消费者关注（customer care）、网络关注（webcare）或者网络声誉管理（online reputation management）。当回复负面网络评论时，它就被称为"恢复服务"（service recovery）（Zhang & Vásquez，2014）。消费者的网络评论和商家对网络评论的回复都是网络交际中出现的一种新的体裁，它们存在着不可分割的关系，因此两者可以被称为体裁链（genre chain）（Swales，2004）。以往很多研究已经证实了网络评论对消费者消费及商家销售具有较大影响（Jansen，2010；Ghose & Ipeirotis，2011）。有人说，在传统交际模式下，每个顾客会将他不满意的消费经历告诉七个朋友。但在如今新的网络交际模式下，每个消费者在网络上分享的不满意的经历，则可能对商家几百上千的潜在消费者产生负面影响（Cockrum，2011）。鉴于此种原因，目前很多商家对自身的网络形象给予了高度重视，并尝试采用多种方法来对消费者的网络负面评论进行有效管理，从而维持或提升自身的良好口碑和声誉。

跟其他社交媒体形式一样，网络评论是一种具有参与性、共建性、丰富性的动态信息。在一些注重主观体验和感受的消费中，网络评论可以为消费者提供非常有价值的参考信息，比如酒店和饭店的居住选择等（跟具体的可触摸的产品不同，比如电器、电子产品等）。Gretzel 等（2007）发现，大约一半的旅游者在做旅游攻略的过程中主要参考了消费者自发产生的评论信息。Tripadvisor 是最受消费者青睐的旅游网站之一，很多学者都是采用这个网络平台的评论语料展开研究。早期的研究主要聚焦于网络评论体裁的研究，对商家的回应体裁关注相对较少，从话语视角展开的研究则更是寥寥无几。Istanbulluoglu（2017）研究了社交媒体上商家对消费者的抱怨作出回应的及时性与消费者满意度的关系。研究发现，商家给出的回应越及时，消费者的满意度越高。Zhang 和 Vásquez（2014）研究了 Tripadvisor 网站上中国四个旅游城市的四星级和五星级宾馆对顾客抱怨的英文回应语篇的固有内在结构，从而考察商家在网络交际这种特殊语境中，在管理和应对消费者不满评论时所采用的一般修辞策略。研究发现，商家在回应中倾向采用的话步包括表达感激、为带来的麻烦表示歉意、邀请下次光临、礼貌寒暄语、提供证据以保障服务质量、接受抱怨和反馈、参考其他消费者评价、礼貌结束语、避免重复出现类似问题、进一步取得联系。研究认为，尽管不是每个回应语篇都会包含这些话步，但总的来说，回应话语是一种程式化的语篇。Ho（2017）也研究了 Tripadvisor 网站上的评论回应语篇，发现有三个话步是必要的，即承认问题（acknowledging problem）、表达感受（expressing feeling）、感谢评论者（thanking reviewer）；可选的话步包括：继续维持关系（continuing relationship）、否认问题存在（denying problem）、表达情感感受（expressing feeling）、问候（greeting）、承认评论者价值（recognizing reviewer's value）、自我表扬（self-promoting）等。其中，否认问题存在是最常用的话步。

2.3　研究述评

随着网络技术的快速普及，网络评论成为人们日常消费的重要参考信息，也是商家与消费者保持沟通的一种重要渠道，这种新兴的网络交际方式也引起了国内外众多学者的关注。从以上文献回顾可以看出，目前网络评论的研究领域主要涉及影视网络评论（如唐宏峰，2011；杨晨，2013；张瑶，2018 等）及社交媒体网络评论（如 Ho，2014；Ho，2017；Ren，

2018；Feng & Ren，2019；金梅、袁周敏，2020 等）。影视网络评论的相关研究揭示了网络评论话语中所涉及的意识形态、语言语用问题等，也进一步提出了网络评论话语研究与治理的重要性和迫切性。早期的社交媒体网络评论相关研究主要涉及网络评论对商家和消费者的影响，或考察网络评论的策略或礼貌问题。后期的研究逐步开始关注商家对消费者负面网络评论的回应，大多数学者主要侧重从话语修辞角度来研究话步及涉及的相关策略（Cenni & Goethals，2017）。

总的来说，这些研究已经发现了网络差评回应话语中的特殊话步及人际语用功能，但相关研究成果还不够丰富，研究方法、理论视角等方面均存在较大的拓展空间，也未能有效挖掘言语行为建构的语用身份对商家修复与消费者的危机关系及维护商家形象的人际语用机制。

鉴于以上原因，本书拟采用国内汉语网络评论语料，分析商家回应话语中所使用的言语行为情况，以及这些言语行为所建构的商家身份，并基于批评语用学视角下的和谐关系管理分析框架，考察这些商家身份建构的适切性。其目的是在批判不礼貌语言语用方式的基础上，倡导礼貌的网络语言语用方式。本书在理论上可进一步采用和谐关系管理框架理论工具来拓展批评语用分析框架，进一步丰富批评语用学研究成果，同时在实践方面可为商家在网络上与消费者的沟通交流及自我形象建构实践提供一些参考和指导。

2.4　本章小结

本章主要回顾了网络评论话语的研究领域、研究问题及取得的相关成果，并在总结前人研究成绩的基础上，提出本书的研究空间。下一章我们将梳理语用身份的概念及相关研究，为本研究的开展奠定良好的理论基础。

第 3 章

身份建构的语用研究

3.1 身份概念的起源与发展

身份（或社会身份）的概念最早来自社会学领域，主要是指社会个体或群体在一定社会结构或社会关系中所处的地位，比如人的出身、地位和资格等。早期的身份研究倾向于将身份看作一种静态的属性，是交际者的自我特征在社会框架下的一种具体表征。正如 Grad 和 Rojo（2008）所说，传统的静态身份观把身份的概念看作交际者本身所具有的一种稳定而持久的自我特性，强调交际者的核心自我特性或复合型自我特性。后期的身份研究则逐步开始关注它在不同语境下的动态特性，称为社会建构主义的动态身份观（陈新仁，2018）。社会建构主义认为，身份在不同的交际语境作用下具有变动性、复杂性、敏感性和非永久性等特性，还可能根据不同交际者的意图而产生一定的创造性和能动性，从而有助于交际者更好地达成期望的交际目标。

3.1.1 静态身份观

传统的静态身份观认为，身份是个人或群体的身份在当前社会体制和结构中的具体表征，也是人们在社会中相对固定的属性，它是社会现实和心理状态的一种客观体现，具有自然性、稳定性和持久性。传统的身份观也可称为身份的本质论，主要包括现实论和自然论两种形式（Joseph，2004）。该领域的研究主要致力于发现人们拥有的身份类型以及探讨身份类型的划分标准，并在此基础上考察不同身份在社会机构运转中所发挥的作用（Widdicombe，1998）。20 世纪 70 年代曾有学者提出角色身份理论（role identity theory），把身份看作不同的社会角色，侧重强调不同角色的社会意义和社会期待（Burke & Tully，1977）。此外，社会身份理论（social identity theory）还强调身份的认知特性，认为身份是个人对其所属群体在情感和价值意义等维度进行认知判断和评价的结果（Tajfel，1981，1982；Tajfel & Turner，1986），也能体现个人对某个社会群体的心理认知和情感认同，并且个人会有意无意地采取话语或行为手段尽力维持某些特征，从而保持自己的相关群体身份。

18

Stryker（2002）也认为，身份是社会个体在社会中所扮演的角色（role），主要关注社会个体在社会结构中的关系。具体而言，身份是指社会个体或社会群体所具有的各种区别于其他个体或群体的与众不同的社会特征。个体身份包括籍贯身份（国籍、省籍、县籍等）、民族身份（汉族、苗族、藏族等）、年龄身份（年轻或年老）、性别身份（男性或女性）、地域身份（出生地域、居住地域等）、教育身份（教育背景与层次等）、职业身份（教师、医生、公务员等）、职位身份（主任医师、护士；校长、普通教师；局长、普通职员等）、宗教身份（天主教、基督教、佛教等）等。每一个社会个体或群体一般都会同时具有多重身份，比如一个社会个体可以同时兼具多种（社会）身份信息，如性别、年龄、民族、国籍、省籍、市籍、教育背景、政治党派、职业、职位等。比如，"一名来自美国政府的民主党派议员"就涉及该个体的国籍、政治党派、职业或职位等信息。同样，每一个社会群体也可以从民族、国籍、省籍、市籍、教育背景、性别、年龄、政治党派等角度对其身份加以区分，如"一群来自英国伦敦某政府机构的青年职员"就涉及该群体的多种社会身份信息。此外，群体身份可以是机构类身份，比如英国公民、南京市政府官员等；还有社团类身份，比如红帆船社团成员、翻译协会成员；或者区域类的群体身份，比如皖南人、刘家村人。还有一些群体身份是临时的，比如课堂合作小组成员、培训班学员等。

社会心理学界的学者们也关注了身份的问题，他们在关注身份的社会性的同时，还重点探究了身份的心理维度。Bucholtz 和 Hall（2005）认为，身份是人们"对自我和他人的社会定位（positioning）"，指出了身份在一定程度上具有的心理特性。社会心理学家 Tajfel 和 Turner（1986）认为，身份是社会人对社会群体的心理认同倾向，人们会尽力保持自己作为该群体成员的行为倾向与高度自尊；人们倾向于通过群体内外的比较从而获得有利的社会身份。关于心理学界对身份的分类，Brewer 和 Gardner（1996）认为，身份具有三个层面的特征，具体包括个体层面（the individual level）、人际层面（the interpersonal level）和群体层面（the group level）。身份在个体层面的表现是指特定个体区别于其他个体的身份概念；在人际层面的表现是指人际关系中的身份概念，是在与其他社会个体发生的交往关系、角色关系中形成的身份概念；在群体层面的表现是指从个体隶属于特定社会群体的角度形成的身份概念。因此，身份可以在不同层次上区分出不同的类型，包括个体身份（individual identity）、人际身份（interpersonal identity）和群体身份（group identity）三种。

3.1.2　社会建构主义的动态身份观

随着社会建构主义思潮的兴起，身份观逐渐实现了社会建构主义的转变，从以往对语言与身份的静态描述转变为动态建构研究（Kroskrity，2000；de Fina，2003，2010；Jung & Hecht，2004；Holmes，2005，2006；Bucholtz & Hall，2005，2008；de Fina，Schiffrin & Bamberg，2006；Locher & Hoffmann，2006；Oliveira，Sadler & Suslak，2007；Schnurr，2009；Bucholtz，Butler & Fitzgerald，2010；Heritage & Clayman，2010；Holmes & Riddiford，2010）。随着身份概念的不断渗透和研究范畴的逐步拓展，身份已经成为社会科学和人文科学的研究热点。哲学、社会学、社会心理学、人类学和话语研究等学科领域分别为身份研究提供了不同的路径、方法和研究工具，各自关注身份的不同维度，从不同角度探究身份的相关问题（Dolón & Todolí，2008），但总的来说也具有一些共同的观点和基础。

社会建构主义身份观（Hall，1996；Kroskrity，2000；de Fina，Schiffrin & Bamberg，2006）的主要观点包括以下几点。第一，身份不是预先设定或给定的一个产物，而是通过一定的手段和过程不断建构的。身份被看作一种语言与行为共同组成的"成果"（achievement），对它的研究应建立在考察"交际者在交际中如何利用身份"上（Antaki & Widdicombe，1998）。身份是为了达成某些交际目标或意图而在会话中被调用的，或通过社会行为和互动建构而成的。第二，身份的建构是发生在特定的交际语境和场合中的。根据"萨克斯假设"（Sacks Hypothesis），个体在社会交往中会有意或无意地调用一系列话语资源，利用或创造出特定的社会身份，从而达成其特定的交际目标（Grad & Rojo，2008）。也就是说，社会建构主义视角下的研究不会预先假定身份的相关性，而是通过话语分析去考察会话者是如何利用或建构某些特定身份的。第三，交际者本来所具有的身份并非固定不变，而是会在交际互动过程中动态地产生多种身份。社会学家 Sacks（1972）提出了"成员身份分类"（membership categorization）的概念，认为日常言语交际中存在许多种不同的身份。社会建构主义认为，个体的自我不是人们自然拥有的东西，不能代表人的核心本质。一个人在社会中可以拥有多种不同的身份范畴，各种身份范畴会分别在不同的交际情境中得以体现或强化。社会建构主义强调个体在交际中建构身份的多样性，并认为身份建构会影响个体的主体性和经验，也可以是一种社会资源（Widdicombe，1998）。第四，社会建构主义认为，身份并非简单地由个体所决定，而是由语境化的磋商和交际过程所决定的。因此，研究者们在承认特定身份类别与一些社会特征、社会活动、社会权利与义务具有相对稳定联系的基础上，还会关注说话人如何利用这些常规知识来有意或无意地建构自己的身份。也就是说，社会建构主义身份观认为，身份的概念不仅仅包括个人认知与经历的个人范畴，还会涉及其他交际系统的宏观公共范畴（Benwell & Stokoe，2006）。第五，身份的建构是需要通过话语来实现的（Zimmerman & Wieder，1970）。社会建构主义侧重关注话语产生的过程以及对社会现实可能产生的影响，研究人们如何使用语言策略去选择或建构身份，以及相应身份在特定社会场合中可能对交际效果或交际目标产生的影响。也就是说，身份不仅仅是在话语中再现的某些个体的特性，而是与自我和他人的认知以及一些社会相关活动和程序有关，在话语中通过各种语言或非语言手段去体现、实现或实施的。

此外，社会建构主义认为，身份是交际者的交际资源。因此，对于身份的研究不应该仅局限于关注人们拥有什么样的身份，而是应该考察交际者在不同的语境下调用或建构了什么样的身份去进行交际，对当前交际和说话人的交际目标产生了什么样的影响（Widdicombe，1998）。有部分研究（如 Widdicombe，1998；蒋庆胜、陈新仁，2019；钱永红，2019）发现，身份经常被交际者用作行事的资源，交际者可以通过特定身份的建构来实现各种不同的交际目标。

会话分析者等后现代主义学者们（Antaki & Widdicombe，1998）认为，身份不应被完全看作稳定不变的、预先存在的特质，而应该看作动态变化并不断选择和建构的。传播学家们则倾向于把身份看作一种传播过程，应该结合交际的语境和过程来考察身份问题（Hecht et al.，1993）。他们认为，在现实交际中，交际者并非总是采用固定不变的、稳定的身份进行沟通，而是会按照自己的交际目标和当前的交际语境或实际需求来选择或适当改变自己的身份。Tracy（2002）则结合身份的传统本质主义观与后现代主义的观点，认为身份是由于交际者的主观意愿和努力而取得的一种结果，而不是某种固定不变的特质。而且她认为，身份应该至少包括两个层面：第一个层面是交际者在交际互动之前所拥有的某些稳定的特征或特性，第二个层面是交际者根据交际场合的变化而通过话语实现的情境化的动态身份特征。虽然两种观点可能存在一定冲突，但恰恰反映了身份本身所具有的复杂性、多面性等特性。

Zimmerman（1998）认为，身份可以分为三个层次，分别是话语身份（discourse identity）、情景身份（situated identity）与可迁移身份（transportable identity）。话语身份是指与互动交际中的具体环节息息相关并可能动态变化的身份，比如提问者可以根据话轮的转换变为回答者。情景身份是由特定情景所决定的身份，比如几个人坐在客厅聊天，这时电话座机响了，一个人去接电话，那么她就成了当前情景下的接电话者；如果当前交际情景是一个街头采访，那么就会涉及采访者和被采访者。而可迁移身份则是指交际者本身的一些相对固定的个人属性，比如性别、年龄、归属地或种族等。话语身份属于话语角色的范畴，而情景身份和可迁移身份其实是属于交际者的社会特征，三者似乎不在一个逻辑范畴中；而且这三种不同身份的区分所体现的身份建构的动态性特征也不是特别明显。

由上述内容可见，对于身份的概念及其特性的认识，起先以社会学、心理学、社会心理学等学科为代表的本质主义观点为主，后来逐渐出现了以会话分析者、传播学家等为代表的社会建构主义观点，从最初的静态研究逐渐转向动态的建构性研究。陈新仁（2018）认为，有必要从交际的实际出发，结合交际语境与交际的动机或目的来考虑身份的分类；无论是静态身份还是动态身份，从本质上讲都具有社会性，应当结合具体的社会情境和社会空间来加以分析和确定。同时，说话人任何身份的呈现都是通过语言或非语言手段来建构的。因此，我们在话语研究中主要关注的不是交际者在交际之前具有什么样的社会身份，而是交际者在什么情境下选择、呈现或建构了什么样的身份，其交际目标是什么，又有什么样的交际效果等。比如本书中，我们就要考察商家在面对消费者的负面网络评价时，建构了什么样的身份，为了达到什么样的交际目标，又有怎样的交际效果等问题。

3.2　语用学视角下的身份观

3.2.1　语用身份的概念与分类

陈新仁（2018）认为，语用身份是一种根据特定语境而动态变化的身份，它是交际者主动建构而成的；他们既可以为自己建构身份，也可以为对方建构身份，甚至还可以为其话语所涉及的其他不在场的社会个体或群体建构他者身份。这些语用身份的呈现或建构都是通过话语或非语言模态共同呈现或建构的。

从语用学的概念可以看出，它与社会学意义上的身份概念存在一定的关联，同时也存在一定差异。首先，说话人所选择使用或建构的一种或多种语用身份来源于社会身份。其次，说话人通过当前话语所建构的语用身份有时候可能并不是说话人原本所具有的身份，而是临时建构起来的一种社会身份。最后，语用身份的概念与话语身份、交际身份或交互身份等概念又存在一定的差别。话语身份主要是指发话人、受话人、非直接参与者、其他听话人等话语角色（Zimmerman，1998），而非指交际者根据语境选择或建构的具有社会或心理属性的身份类型（如 Brewer 和 Gardner 提及的个人身份、人际身份和群体身份，或 Tracy 提出的主体身份、交互身份、个人身份、关系身份）。交际身份的概念比较宽泛，不仅包括语言交往，还包括非语言交往。交互身份的概念则往往指在动态性交际中说话人相对于听话人选择的即时身份或角色，但不指独白性交际（比如户外平面广告、公示语等）中的身份，也不能涵盖个人身份、关系身份或者前面所提及的话语身份。

总之，语用身份与交际者的意图及特定语境下产生的特定交际话语具有密不可分的关系。从类型上看，既可以是交际者根据当前语境和交际目标而选择或建构的身份（包括交互身份、主体身份、个人身份、关系身份），也可以是交际者的特定话语角色或话语身份。与社会身份相比，语用身份具有交际依赖性、动态选择性、交际资源性和话语建构性等交际属性（陈新仁，2013a）。

对于语用身份，可以采用不同的分类方法。首先，语用身份可以区分为话语身份和非话语身份。其次，对于非话语身份，我们可以借鉴 Tracy （2002）、Simon（2004）以及 Brewer 和 Gardner（1996）关于身份的分类，将说话人在其话语中呈现或凸显从而可以感知、推断的身份（或者听话人在理解当前话语时所选择的身份）区分为个人身份（如特定性别、年龄、职业、职位、种族、个性特征等，囊括个体身份和群体身体的内容）、关系身份（如朋友、同事、同行、老乡、战友、敌人等，囊括人际身份的内容）和情境身份（如评审专家、嘉宾、组织者等）。这些身份可能是交际者（双方）本来就具有的，也可能是临时建构的。如例（1）：

例（1）：
a. 我个人觉得你失去这次机会很可惜，也非常同情你。
b. 你的处境很特殊，虽然企业目前也存在一定困难，但我还是会尽力支持你。
c. 大家都是朋友，就不必过分拘礼了。
d. 好，下面我代表大赛组委会宣读获奖名单。

在例（1a）中，说话人采用"我个人觉得"这样的表达方式，选择了个人身份中的"个体"而非个人身份中的"管理者"身份来讲话；与之相对的是，说话人在例（1b）中则使用了"管理者"的个人身份而非其"个体"的身份说话；在例（1c）中，说话人选择了"朋友"的关系身份来与对方交际，请对方不必过分拘礼；而在例（1d）中，说话人则采用了"组委会"的情境身份宣读获奖名单。

以上的例子是说话人从本身所具有的多种身份中，根据交际意图和目的而选择使用某一身份。此外。在交际过程中，说话人也可以给听话人选择或建构各种语用身份。如例（2）：

例（2）：
a. 张主任，不知您个人对这件事持有什么看法。
b. 李书记，我可以向您提一个关于学院学生工作的建议吗？
c. 你是一名学生干部，自觉性应该更高一些。
d. 陈教授，您是组委会的负责人，还是由您来宣读比赛结果吧。

在例（2a）中，说话人采用"您个人……持有什么看法"的表述方式来询问对方的观点，希望对方以"个体"的个人身份而非"主任"的个人身份表达对相关事件的态度；在例（2b）中，说话人选择了对方的书记身份，而非普通教师的身份来向其提出一些建议；在例（2c）中，说话人选择了对方的学生干部身份，对对方提出了让他提高自觉性的要求；在例（2d）中，说话人选择突出对方是组委会负责人的情境身份，并邀请对方宣读比赛结果。当然，说话人有时给对方选择、建构的身份不止一个，如在例（2d）中，说话人还提及了对方作为教授的个人身份，只不过相对于组委会负责人这一情境身份而言，其个人身份的凸显程度要低些。

除此以外，说话人还可以采用一定的语言语用策略来给第三方呈现或建构某些类型的语用身份。如例（3）：

例（3）：

a. 除夕晚上，学校党委书记王某某陪同国际文化交流学院全体留学生吃了团圆饭，并对全体学生表示了亲切的慰问。

b. 小王同志，你虽然才进单位半年多，但是业务熟悉非常快，现在已经基本算得上是我们的一位优秀资深员工了，所以眼前的这个紧急重要任务，你必须把它承担起来。

c. 新华社北京 11 月 24 日电　全国劳动模范和先进工作者表彰大会 24 日上午在北京人民大会堂隆重举行。中共中央总书记、国家主席、中央军委主席习近平出席大会并发表重要讲话。（来源于中国共产党新闻网）

d. 新华社北京 11 月 27 日电　国家主席习近平 27 日在第十七届中国—东盟博览会和中国—东盟商务与投资峰会开幕式上致辞。（来源于中国共产党新闻网）

例（3a）主要呈现了王某某同志作为学校党委书记的个人身份；在例（3b）中，说话人主要为听话人小王建构了"优秀资深员工"这一身份，其目的是让他承担起目前的紧急重要任务；在例（3c）中，报道则呈现了习近平同志的中共中央总书记、国家主席、中央军委主席等多重个人身份；而例（3d）则选择了习近平同志作为国家主席的个人身份。总的来说，上述例子中对于人物不同身份的呈现是受到相关语境因素和交际意图或目的支配的选择结果，而不是随意而为的结果。

　　还有部分学者认为，语用身份还可以被分为两类，一类是当前交际语境中的默认身份，另一类是交际者为了达到特定的交际目标而建构的偏离原先的默认身份的变异身份。比如，袁周敏（2011b）分析了广播医药电话咨询语料中涉及的身份问题，发现医药咨询顾问在会话过程中会根据交际情境建构不同的语用身份，其默认的身份为专家，而建构的变异身份则包括同伴身份和销售代表身份等，其目的是在不同的交际阶段发挥不同的身份功能，从而达到最佳的交际效果。任育新（2012）分析了某高校博士学位论文开题报告会的互动语料中涉及的身份问题，发现专家委员会成员在实施建议言语行为时，倾向于采用话语序列建构不同的语用身份。他们建构的默认身份是专家身份，建构的变异身份则主要包括外行、教师、建议接受者、研究者等，在不同的交际情境中取得了不同的交际效果。

　　此外，根据交际者呈现的身份的真实情况，我们可以将语用身份区分为真实身份与非真实身份（视用心情况又可以区分为善意假身份与恶意假身份）。如例（4）：

例（4）：

情境：李先生接到电话。

骗子：嗨，你好啊老同学，在忙呢，猜猜我是谁。

李先生：你好你好，请问你是？

骗子：我是你老同学啊，怎么着，不会当了官就把老同学给忘了吧？

李先生：……哦哦……哪里哪里……我想想啊，你是……你是……张峰吧？

骗子：啊呀，对呀，到底还是没把咱老同学给忘记咯。

李先生：啊呀，不好意思不好意思，我刚才一开始真没听出来。你现在在哪里高就呢？

骗子：唉，这几年混得不好，在老家县城呢。不瞒你说，我家里老父亲病了，要做手术，目前手头有点紧，想着找老同学借一点儿周转一下，实在不好意思，你看方便借我几万块钱吗？

　　在例（4）中，骗子利用对方碍于情面不好意思说不认识他的心理，设置了一个让对方猜测的情境，给自己建构了一个虚假的关系身份，其目的是引诱对方上当受骗，从而实施诈骗。

从以上分析可以看出，语用身份的分类可以采用几种不同的方法路径，充分体现了语用身份研究的活力与张力。学者们具体应该选择哪一种分类方法，可以根据当前研究的对象和拟解决的问题而权衡决定。而且这些分类的方法不是穷尽的，还可以根据不同的研究需求而不断创新与发展。

3.2.2　语用身份的特性

陈新仁（2018）认为，语用身份是特定语境下由交际者通过语言语用手段所表现出来的身份，它具有交际依赖性、动态选择性、话语建构性及交际资源性等基本特性。

首先，语用身份对交际具有一定的依赖性，没有交际的发生，就不会有语用身份的产生。说话人通过语言的使用来建构身份，而听话人则会根据交际情境和百科知识等信息对话语进行理解。在交际双方的共同努力下，语用身份的选择与建构才能顺利地进行。随着交际的结束，交际者建构的语用身份也会随即消失。也就是说，语用身份的建构取决于交际者所使用的语言，它具有临时性和交际依赖性。

其次，语用身份具有动态选择性。交际者对语用身份的选择或建构是根据交际语境、交际事件、特定的交际阶段、交际对象、交际者的交际意图、交际目标等因素由交际者主观决定的。也就是说，交际者建构的语用身份不是一成不变的，而是会因各种交际因素而不断变化，其目的是达到更好的交际效果。随着交际的推进，交际者还会因交际目标、交际情境等因素的变化而转换、调整语用身份。例如，一位教师在跟学生谈话时，可能会以默认的师长身份来讲话，给学生布置论文写作的任务。随着交际进程的推进和内容的变化，教师又会建构朋友身份来拉近彼此的距离，希望学生有问题可以随时沟通，不要过分拘谨。随后，教师可能还会建构一个合作者身份，跟指导的学生就一些问题进行探讨，从而更好地完成当前的交际任务。因此，语用身份的选择和建构具有动态性和可变性。在交际实践中，交际者的语用身份并非完全是由交际的某一方单独确定的，还需要与交际对象进行磋商。如果交际对象认同说话人所选择或建构的身份，那么磋商的结果就可以达成一致。但如果交际对象否认说话人所选择或建构的身份，那就可能会出现分歧，甚至对立。比如，一对恋人在吵架时，男孩说："小洁，咱们迟早是一家人，这点小事情，咱们就不要斤斤计较了，免得伤了和气，好不好？"女孩说："哼，谁跟你是一家人啊！"男孩试图与对方建构"一家人"的身份，希望化解当前的矛盾，但是女孩正在气头上，直接否认了对方所建构的身份，进而产生了分歧。因此，我们可以看到，语用身份在动态的选择与建构过程中还具有磋商性。

再次，语用身份具有话语建构性，因为无论交际者在语言交际过程中选择或建构什么样的语用身份，最终都需要落实到话语层面上。语用身份的建构虽然可以通过交际语境、说话人的衣着打扮、肢体语言等手段来建构，但是话语的建构功能始终还是占主导地位。Tracy（2002）认为，言语交际行为是一种话语实践（discursive practice），一个人会通过选择使用的话语建构其相应的身份。一般来讲，说话人会采用人称指示语、言语行为、语音语调、语类混合等手段，也会通过直接或间接程度、叙述的方式、采取的立场等方式来建构身份。陈新仁（2018）认为，语用身份建构的话语实践类型可以包括语码选择（提示身份的语言种类，如法语或汉语，方言如南通话、东北话；特定的语码，如行话或黑话等）、语体选择（提示身份的语体，如正式语体或随意语体）、语篇特征选择（语篇组织特征，如话轮转换的控制等）、话语内容选择（提示身份的话语内容，如话题、观点等）、话语方式选择（表达身份的直接或间接程度等）、言语行为选择（表达或建构身份的言语行为，如教师的批评、表扬，朋友的建议，比赛负责人的宣布等）、称呼语的选择（称呼语，如你、亲、亲爱的等）、语法选择（人称代词等）、词汇或短语选择（如标记语、语气词等）、语音特征选择、副语言特征选择（如手势、距离、眼神等）或其他多模态特征的选择。也就是说，说话人的身份或给交际对方建构的身份都是通过对这些话语的选择而得以实现的。

最后，语用身份还具有交际资源性。身份是人们进行交际的重要资源之一，身份所携带的各种资源（如特权等）都能够给说话人带来一些便利，交际者可以利用这些便利更好地实现交际目标，语用身份的这种特性可以称为交际资源性。在具体交际中，拥有特定身份的主体往往会有意识地调用标记身份的语言资源来满足其特定语境中的交际需要。在一定交际场合下，交际者会有策略地选择与建构特定的语用身份，从而能够更好地实现其交际目标，这也充分体现了语用身份的交际资源性。

3.2.3　语用身份的辨别

从研究者和听话人视角来看，我们可以从多个方面来辨别说话人对自己或他人建构的身份。如上节所说，一些情景下交际者的话语内容选择、话语方式选择、言语行为选择、行话选择、语码选择、语体选择、语篇特征选择、称呼语选择、语法选择、词汇或短语选择、语音特征选择、副语言特征选择或其他多模态特征的选择等都可以是我们判别交际者身份的线索。

比如，我们可以从说话人采取的身份标记语，如表明身份的称呼语、同位语及状语等线索来辨别说话人选择或建构的语用身份。如例（5）：

例（5）：

a. 妈妈，宝宝渴了，宝宝想喝水。

b. 儿子，你姐又不在我们身边，现在我和你爸年纪大了，要靠你多照顾照顾了。

c. 作为你的老师，我想提醒你在学习上要进一步端正态度。

例（5）中的各个例句中，说话人通过称呼语"妈妈""宝宝""儿子""老师"等，选择或建构了自己及对方的身份。

再如，我们还可以从交际者所使用的特定言语行为来推断交际者所建构的语用身份。如例（6）：

例（6）：

a.（教师上课时，说）请大家看黑板。

b. 现在我宣布，获得此次演讲大赛特等奖的是金融 1 班王帅同学！

在例（6a）中，教师在课堂上要求同学们看黑板的指令类言语行为，表明其教师身份，因为这一行为是教师的典型身份行为。在例（6b）中，说话人宣布了大赛的特等奖获奖者，实施了宣告类言语行为，建构了自己的比赛主持人或负责人身份。

此外，交际者身份的判别还可以根据当前的言语事件类型来进行。比如牧师主持婚礼、教师指导学生开展论文研讨、医生给病人问诊等，我们可以通过当前交际的内容和形式来确定言语事件类型或活动类型。同时，交际发生的客观环境等因素也有助于辨别当前的言语事件类型以及交际者的身份。

关于语用身份的辨别手段或方法，除了上面提到的一些线索之外，还可以依赖其他一些因素。因为交际者的语用身份经常是隐含或间接的，需要根据更多因素来加以判断和识别。目前已有一些学者在这方面进行了新的尝试与探索。比如袁周敏（2011b）提出，研究者可以从话题表征、语义内容及交际语境等维度（包括共时语境、历时语境及副语言语境）来判别广播医疗咨询顾问的语用身份；任育新（2012）也在其博士学位论文中提出语用身份辨别的三个维度——语言形式、话语内容和话语风格，并建构了博士学位论文开题会上的专家身份类别。其中，语言形式的线索主要包括词汇和语法；话语内容的线索主要包括话语的语义内容；话语风格主要包括 Oliveira（2007）提出的韵律、话语结构、诗学话语和交际者说话的语气。王雪玉（2013）则提出，可以依据平面媒体广告的语体色彩、话语策略、语篇特征、词汇语法使用、多模态元素、身份归类分析及体裁分析等方面来辨别广告主所建构的语用身份。

值得说明的是，我们在辨别语用身份时，既可以单独依赖于话语标记、话题选择、话语内容、语境因素等某个方面的信息，也可以同时结合几个方面的因素来共同识别语用身份，以便得出更准确的推断结果。本书则主要通过商家回应话语中涉及的言语行为来进行身份类型的判断，但同时也会适当参考这些言语行为中所涉及的称呼语的使用、实施言语行为的语言形式、话语结构、话语内容、语境因素等多方面的信息来共同判别。

3.3 语用身份的主要研究路径

从研究的路径来看，现有的语用身份相关研究可以分为五种，分别是语用身份的解读资源路径、施为资源路径、人际资源路径、阐释资源路径及评价资源路径。下面我们将对每个研究路径分别进行阐述。

3.3.1　语用身份的解读资源路径

Verschueren（1999）的语言顺应论认为，"语境"包括话语发生时涉及的交际者因素、时空因素等一切顺应话语或影响话语选择与处理的因素。语用学领域的语境主要包括信道或语言语境（即上下文）和交际语境（communicative context）；交际语境包括交际者本身及话语涉及的所有物质世界、社交世界和心理世界等因素。但在特定的交际情境中，交际者会从多种不同的身份中选择其中一种或若干种来进行交际，甚至有时会选择使用一定的话语策略建构出新的身份从而更好地实现交际目标。语用身份作为当前交际者最重要的语境因素之一，也会理所当然地影响话语的产出和理解。而且说话人选择和建构的身份会对其所发出的话语的意义产生影响，同时也会对说话人的理解产生影响，包括词汇意义的解读、施为用意的解读和人际意义的解读等。因此，我们认为，语用身份也是交际者对当前话语进行解读所依赖的一种资源（interpretive resources）（陈新仁，2018）。

具体来说，交际者在实施交际行为的过程中总是会预先具备一些默认的语用身份，比如政府记者招待会的发言人、开会情境下的主持人、家庭聚会中的子女等。这样的默认身份会构成理解词汇意义、话语意义、人际意义的语境因素之一。交际者如果在交际过程中故意采用话语建构了这一默认身份，其发出的话语就应该在其建构的偏离身份框架下进行解读。比如，一位教师在办公室与一名学生进行谈话，其默认的身份是教师身份和学生身份。如果教师为了拉近彼此的距离，采用一定话语建构了朋友或同伴的身份，那么其发出的话语则应以朋友或同伴的身份视角来进行解读。因此，语用身份其实是可以作为一种解读资源呈现在话语交际中的。开展语用身份的研究，可以将语用身份看作理解话语的一种资源，从而可以对当前产生的话语进行更全面和充分的解读。例如，Graham（2007）研究了网络虚拟空间交际中人们如何通过提出异议来表达一致的看法，阐明了身份期盼对解读施为性话语所具有的重要意义。从目前来看，从这个研究路径切入展开研究的文献数量仍相对匮乏，还有待今后进一步丰富和拓展。

3.3.2　语用身份的施为资源路径

在社会建构主义的影响下，人们逐渐开始关注身份是否可以被利用来实施一些特定行为，从而达到一定的交际目标。如果可以被利用，那是如何被利用的？语用身份是否会对当前的交际目标或交际效果产生影响？为什么或者如何对这些因素产生影响（Widdicombe，1998）？目前已有研究发现交际者经常会利用某些语用身份来行事，他们会有意无意地建构特定的语用身份来达到某种交际效果，或者达成某些交际目标（Widdicombe，1998）。

语用身份是交际者在语境的作用下所体现的特定社会身份。比如，李某具有多重社会身份，具体包括儿子、父亲、丈夫、公司经理、篮球高手等。当他进入某一交际情境后，他会选择其中某一种与当前交际情境相适应的身份去讲话，从而达到更好的交际效果，或者更好地达成交际目标。比如，在公司布置任务时，他会选择建构自己的公司经理、领导身份，对下属发出命令，从而可以使他的下属更加认真严肃地对待他所交代的任务；如果他在家里和妻子吃饭，那么他就会选择建构丈夫的身份，与妻子更好地交流，从而更好地营造和谐的生活氛围；如果他外出跟老同学聚餐，那么他就会建构同学或朋友身份来与同学交流，以达到更好的交际效果。

不同的社会身份具有不同的行为规范、权利与义务，其发出的话语也具有不同的行为影响或效果。首先，社会身份往往与一定的行为规范联系在一起。例如，作为一名教师，必须坚持立德树人、以身作则、为人师表，给学生传播正确的人生观、价值观、世界观，不能做有违道德伦理的事情。作为一名医生，应该医者仁心，耐心了解病人的痛苦、检查病人的疾患，用科学手段认真治病救人。作为一名中共党员，应该在平凡的岗位上发挥先锋模范带头作用，不怕苦、不怕累，关键的时候站得出来，遭遇危机的时候挺得出去，为国家的事业发光发热，为人民群众热心服务。同时，特定的社会身份往往具有其一定的地位、权利和义务。比如，教师一般享有被社会所尊重的地位，同时具有授予学生知识的义务；医生一般被认为具有专业的医学知识和技术，享有被社会所信赖和依靠的地位，同时也具有治病救人的义务；政府官员一般被认为具有较高的管理能力和水平，具有较高的权威，受人尊重，同时也具有秉公无私、恪尽职守、为群众做好服务的义务等。正因为如此，社会身份与一定的行为影响或效果密切相关，不同身份的人说出同样的话或者做出同样的事情，其影响或者效果会有很大的差别。比如，一位高校的教授或知名学者对某个问题公开发表观点，一般会被认为比较权威和可信，而且会产生较大的社会影响力；一位知名的医生对病人的某种病情进行分析并拿出治疗方案，一般会被认为比小诊所的医生所作出的判断更加科学可靠；政府官员公开发布相关信息或发表某些观点，会被认为具有代表政府的权威性。因此，交际者总是会在具体的语境中不断强调、建构或转换更为合适的语用身份，更好地实施某些行为或达成更好的交际效果。这样来看，身份可以被用作交际中常用的施为资源。

3.3.3　语用身份的人际资源路径

语用身份是指交际者通过选择或建构某些特定的身份来更好地传递特定的人际意义（interpersonal meaning），实施关系工作（relational work），具有人际资源属性（陈新仁，2018）。言语交际是社会行为系统的有机组成部分之一（Leech，1983），人们在交际过程中不仅要尽可能实现当前的交际目标，还要充分考虑到人际关系方面的因素（陈新仁，2004）。以往的研究主要侧重从语法资源（如情态词的使用）、词汇资源（如情感类语气词、元话语的使用）、礼貌原则等角度来探究人际意义的表达，事实上，交际中人际意义的传达还可以从身份视角加以考察。也就是说，语用身份的研究也可以从言语交际中的人际资源或关系资源路径来进行研究。如例（7）：

例（7）：

语境：王小洁刚刚毕业，应聘到某大学工作。第一天到某学院办公室李主任处报到。

王小洁：李主任好，我是王小洁，今天入职，特地来向您报到。

李主任：你好你好，来来来，请坐请坐。

王小洁：谢谢李主任。我是广西桂林人，毕业于南京师范大学，学的是心理学专业。

李主任：哎呀，我早就有所耳闻了，听说你非常优秀啊，能力也很强，非常欢迎你的加盟。

王小洁：李主任过奖了。由于我刚刚毕业，社会工作经验不足，以后工作中有什么不足之处还请您多多担待、多多指导。

李主任：哪里哪里，谦虚了。你是广西人啊，我祖籍是广西南宁的，咱们也算是老乡呢。

王小洁：太巧了，您也是广西人啊？咱们是老乡啊，那以后更得麻烦您多多关照啦。

李主任：应该的应该的，自己家乡的小妹，当然要多多照顾。以后我正好也可以多向你学习。

王小洁：李姐您太客气啦，主要是我多向您学习。

李主任：哈哈哈，以后都是一家人，咱们就别相互客气了……

在例（7）中，王小洁第一天到单位报到，本来是一件严肃的事情，气氛一般会比较拘谨客气。从她一开始采用的正式称呼语"李主任"和尊称"您"以及"特地来向您报到"等正式的话语方式来看，明显是在履行一种官方的、正式的报到程序，彼此的距离感相对较远。然而，随着交际的推进，李主任主动说出了自己祖籍广西的信息，与王小洁建构了"老乡"的关系身份，一下子缓解了正式而拘谨的交际氛围，拉近了彼此的关系和距离。接着，王小洁立刻心领神会，进一步强调了双方"老乡"的关系身份，并且在句子结尾采用了轻松的语气词"啦"来营造非正式和亲昵的交际氛围。随后，李主任采用了"自己家乡的小妹"来进一步建构彼此"家乡姐妹"的身份，表示愿意多关照对方。王小洁也进一步抓住这根人情的线索，直接喊李主任为"李姐"，确立了双方"家乡姐妹"的关系，从而使得气氛进一步融洽，双方的人际关系进一步加深，体现了双方的身份认同感。由例（7）可见，语用身份的建构确实有利于达到更好的交际效果，更好地达成交际者所期望的交际目标，也证实了语用身份确实可以作为言语交际中的人际资源或关系资源路径来进行考察。

3.3.4 语用身份的阐释资源路径

以上语用身份研究的几个路径侧重于关注交际参与者是否或如何将语

用身份作为可以加以利用的资源，从而更好地达到施为目标或人际目标。除此之外，我们还可以从研究者视角展开研究，把语用身份看作分析者解读话语可依赖的语境因素，从而更好地阐释交际者产出的话语及其语用效果。Tracy（2002）指出，说话方式可以从多个维度来反映、建构或挑战人们的身份。换句话说，话语与语用身份息息相关，语言也是身份的具体表征，不同话语方式反映了交际者的不同语用身份。一般来讲，不同身份的交际者具有相对固定的话语方式，比如教师的课堂话语、教师对学生的评价话语、电视新闻节目主持人的主持话语、医生的职业话语等。

语用身份与话语存在一定的内在关联，可以看作一种阐释资源，因而对于语用身份的研究也就可以从阐释角度展开。语用身份是说话人通过采用一定的话语去建构的，说话人对话语所作出的选择也会同时体现出其对自我身份的选择与建构，同时也希望听话人根据这些话语去辨别和认可其语用身份，并根据这个语用身份对其话语进行阐释。正如 Simon（2004）所说，身份也属于一种社会心理学概念，可以从心理认知角度帮助我们理解人类话语与身份建构的复杂性和规律性，也便于我们利用交际者的身份对其产出的话语进行阐释。陈新仁（2018）也认为，身份是一种语用学概念，可以被用来阐释人们交际互动中的语用行为。目前也有相关学者从身份的阐释性功能与特性对其展开研究。比如吴珏（2014）研究了新闻标题的主观化特征，通过建构特定的语用身份来实现其特定的交际目标。再如，陈新仁（2013b，2013c）通过对汉语广告话语特征的分析发现，广告话语中存在一些个人化特征及趋向，其原因可以从语用身份的角度来进行阐释。

3.3.5　语用身份的评价资源路径

Searle（1969）认为，言语行为的正确实施依赖于一些必要的适切性条件（felicity conditions/rules），具体包括命题内容条件、真诚条件、预备条件和本质条件等，如果没有这些适切性条件的保障，则无法判定当前话语的合法性或有效性。在话语分析中，身份也应该是预备条件中的一个方面，因为说话人实施特定的言语行为（如命令、宣告或证婚等）必须与其特定的身份相对应，否则发出的话语就不具备有效性和合法性（陈新仁，2018）。换句话说，交际者会根据说话人的语用身份来判断话语的适切性和有效性。比如一位教师在课堂上对其学生发出指令性话语时，其话语内容和话语方式都应该能反映其当下的身份，学生也会依据彼此的关系身份对其话语进行阐释，双方是师生关系，而不是家庭中的父母与子女的关系，或者私人社交场合的朋友、同伴身份。只有语境与身份适切，听话人才会认同该指令话语的适切性和有效性，也才有可能更好地听从和实施该指令。

话语的得体性一般是指交际者的话语在人际意义层面上是否适切，如是否符合礼貌规范，而说话人所选择与建构的语用身份则是判断话语是否适切的依据之一。相对于特定语境下双方的语用身份而言，不够礼貌或过于礼貌都是不得体的。来看下面的例子：

例（8）：

语境：公司赵经理找下属小刘谈一项处理客户投诉的业务。

赵经理：小刘，上次客户投诉那件事，我觉得你处理得不是很合适，还没有尽到自己最大的努力去处理好。客户现在已经投诉到集团公司那边去了，这样对我们很不利。

小刘：反正我都是按照公司规定的程序来处理的啊，至于结果怎么样，那就不是我能保证的了。

赵经理：小刘啊，话不能这样讲。跟客户打交道要多动一动脑筋，多从对方的角度去思考问题、解决问题，而不是仅仅满足于走完流程就算了。客户不满意，那就是咱们的工作没有做到位，还要继续努力想办法去沟通，把问题理顺。我不管你怎么想，既然总公司把你交到我手下让我培养，作为你的领导，我必须对你业务能力的提升和未来发展负责任。希望你能把我的话听进去，以后不要再出现这种人浮于事的现象。

小刘（低下头）：哦，知道了，赵经理。对不起，我这就去重新处理。

例（8）中，赵经理一开始批评小刘时，小刘并不服气，认为自己已经按照公司的办事流程处理过了，至于效果如何，他不负责。随后，赵经理见他不服，便开始对他进行严肃批评，明确用"小刘啊，话不能这样讲"这样的话来表示对小刘态度的不认可。也就是说，这时候赵经理对小刘这样的说话态度与处事方式是非常不满意的。在他看来，小刘作为客户投诉事件的直接处理人，应该对这件事的处理尽到更多的责任，而不是浮于表面，甚至出问题之后也没有承担责任的意识和认错的态度。因此，赵经理变换了更为严肃的口吻和态度来进行谈话，同时采用"作为你的领导，我必须……"这样的话语方式明确建构了自己的领导身份，重申了自己作为领导的权威。这样一来，小刘心中也进一步认可了赵经理的领导地位，因此明显听进去了他的批评，最终表示愿意重新把客户投诉的事情妥善处理好。当赵经理在实施批评行为时，他明确建构的领导身份起到了很好的作用，小刘对赵经理所建构的身份，以及该身份所具有的权威性表示接受，心中也认可对方对自己实施的批评行为，因此才会发生态度上的转变，表示愿意努力去弥补自己的过失。也就是说，交际双方在互动过程中，其实都会基于对方的身份而对对方发出的话语的适切性进行评价，而旁观者和分析者也会基于语用身份来考量交际双方所实施的行为或对所发出的话语的适切性进行评价。这就充分证明了语用身份也是一种评价资源的观点。

听话人或分析者是基于特定语境下说话人语用身份的选择与建构来分析其话语的适切性、得体性和合法性的。因此，语用身份也可以从评价资源路径来展开研究。值得一提的是，这种基于语用身份的评价也可以用在批评语用分析中，也就是说，我们可以基于语用身份来评价某个话语是否礼貌、公正，如果不礼貌或不公正，那么我们就对这种身份的建构和话语的方式展开批评；如果评价的结果是礼貌而公正的，那么这种语用身份的建构及话语方式就是适切的，值得我们去推崇和弘扬。值得进行批评语用分析的话语现象还有很多。在日常生活中，我们经常会听到一些不恰当的称呼。例如，以前有些新闻报道经常采用一些歧视性话语来描述弱势群体，这种现象就要进行批评。又如，医院的护士经常用床号或病名来称呼患者，这种话语方式对患者有很不友好、很不尊敬之嫌。这些现象都可以从语用身份建构的评价资源路径来加以剖析。

本书拟采用语用身份的人际资源路径与评价资源路径相结合的方法，对商家的网络语用身份建构及话语方式展开分析和评价，看看哪些类型的语用身份和话语方式有助于维护双方的和谐关系而值得弘扬，哪些类型的语用身份和话语方式在研究者和消费者眼中是不礼貌、不适切且容易对双方的关系产生破坏作用而需要我们展开批评的，进而从批评语用分析的视角对商家语用身份建构的适切性进行研究和评价。

3.4　本章小结

　　本章首先介绍身份的概念和起源，然后介绍社会学、心理学、社会心理学、传播学等学科关于身份的界定，特别是社会建构主义视角下的身份研究，并在汲取前人研究主要观点和精髓的基础上，厘清语用学视角下的身份概念、分类和特性。随后，梳理近几十年来身份建构的主要研究对象、研究路径及研究方法，为本书的研究奠定理论基础，厘清前人研究的不足，作为本研究突破的起点和重点。

第 4 章

批评话语分析的语用学视角

4.1 批评话语分析的起源与理论渊源

4.1.1 批评话语分析的起源

早期的语言学研究把语言看作独立存在的，侧重于关注语言的形式、强调语言的共性，主要代表性理论是以 Chomsky 为首所提出的形式语言学。后来，随着语言学研究的逐步推进，人们逐渐开始关注现实生活中所使用的语言，更多地考察语言与社会的关系，代表性的学科分支包括社会语言学、语用学、话语分析等。虽然语用学研究一开始就强调语言与语境的关系，但仍然倾向于把单一的词汇或语句作为考察和分析的基本单位，对语句意义生成的话语环境关注不足。尽管社会语言学主要侧重于描写和解释语言使用的变异现象和交际互动的过程与结构，但它对社会权力关系和等级制度等方面的因素对语言变异所产生的影响的考察仍然不够。此外，虽然话语分析主要从宏观视角对话语或语篇展开分析，但难免过多地受到传统语法研究的影响，主要侧重于关注语篇的形式特征和构成机制。在这种背景下，由于西方批评理论的影响，一些学者表现出对话语生成与社会结构之间关系的研究兴趣，促进了批评话语分析研究范式的形成与发展。

批评话语分析（Critical Discourse Analysis，简称 CDA）主要发源于批评语言学（Critical Linguistics）领域。Wodak（2001）认为，批评语言学与批评话语分析两个概念可以互相替代使用，但后来人们逐渐采用批评话语分析来替代之前的批评语言学。20 世纪 70 年代末到 80 年代初期，西欧语言学界掀起了批评话语分析的语言学潮流，它是由批评语言学发展而来的一种用于语篇分析的理论框架和研究方法，重点关注语言在建构社会权力关系方面的角色和作用，其主要代表人物包括 Fairclough、Fowler、Kress、van Dijk、van Leeuwen、Wodak 等。批评话语分析研究的代表性论著主要有《语言、权利与意识形态》（*Language，Power and Ideology*）（Wodak，1989），《语言与权利》（*Language and Power*）（Fairclough，1989），以及《话语分析指南》（*Handbook of Discourse Analysis*）（Schiffrin et al.，2003）等，这几部代表性著作明确提出了批评话语分析的研究对象、基本假设、基本原则和研究方法，是批评话语分析形成的标志，也为批评话语分析的后续研究提供了基本的框架，奠定了基础。20 世纪 90 年代以后，批评话语分析逐渐进入成熟期，并在语言学界迅速发展，而且逐步从哲学、社会学、认知科学、心理学、人类学、政治学、传媒学、计算机科学等多个学科中汲取精髓，不断拓展研究的理论、方法及视角，逐渐呈现了综合性、跨学科的特点。

由于研究的侧重点存在差异，批评话语分析研究又可以分为几个不同的学派。比如 Fairclough 主张从社会变革的视角来展开批评话语分析，他主要代表了兰卡斯特学派（Lancaster School）；Wodak 提倡从话语历史的角度来进行批评话语分析，他主要代表了维也纳学派（Vienna School）；Wetherell 则主要从话语心理学的角度进行研究，属于拉夫堡学派（Loughborough School）；Kress 和 van Leeuwen 则代表社会符号学视角下的批评话语分析学派；van Dijk 则代表批评话语分析的社会认知法研究学派；此外还有以 Pêcheux 为首的法国话语分析学派等。这些学派各有其研究特色，然而总的来说，还是以 Fairclough 为代表的批评话语分析路径影响力最大（Blommaert & Bulcaen，2000）。

4.1.2　批评话语分析的理论渊源

批评领域的研究主要侧重于对当前社会问题的关切，批评性地分析诸如责任、利益及意识形态等问题，将话语的文本分析与政治理论有机结合，力求建构多面向、跨学科的话语分析理论和方法。批评话语分析是在 20 世纪 80 年代末欧洲话语研究界发展起来的一个学科，领头人主要有 Norman Fairclough、Ruth Wodak、Teun van Dijk 等。从诞生之日起，它就成为一个非常具有影响力的、引人注目的话语分析分支（Jaworski & Coupland，1999）。批评话语分析主要侧重于分析隐藏或表现在语言中的歧视、权力、统治和控制结构关系（Wodak，2011）。具体来讲，批评话语分析研究真实的、通常延伸在语言形式中的社会互动例子，批评方法主要是以其独特的视角发掘语言与社会的关系，分析语言与实践的关系（Wodak，1997）。批评话语分析认为，话语是由社会构成的，也是受社会支配的。另外，话语是现代社会中的一种隐性的权力对象，而话语分析的目标就是要让它变得更加可见和透明。

批评话语分析研究者主要认为"语言就是社会实践"，强调语言使用语境的重要性，同时重点关注和考察话语与权力之间的关系。批评话语分析是话语分析研究的一个分支，主要侧重于考察话语中所体现的社会权力的滥用和不平等问题（van Dijk，2001）。批评语言学的核心任务主要是试图在语言结构与社会结构之间建立一种直接的关系。批评话语分析则进一步拓宽了批评语言学的批评视角，在保持批评语言学批评核心要素的同时也弥补了批评语言学的缺陷，主要研究能够让语言结构和社会结构发生联系的中介成分（田海龙，2006）。换句话说，批评话语分析主要是从批判的角度来分析话语，揭示语言、权力和意识形态的关系。它旨在透过表面的语言形式去考察意识形态对话语的影响和话语对意识形态的反作用，同时揭示话语和意识形态在社会结构和权势关系中的相互作用与关系。近几十年来，批评话语分析借助于语言学的分析范畴获得了飞速发展，涉及对大众话语（包括课堂话语、新闻话语、机构话语等）等领域中所隐含的权力、性别、意识形态、种族主义等社会因素的分析。

批评话语分析是由 Fowler、Hodge 等人于 1979 年在《语言与控制》（*Language and Control*）一书中所提出的话语分析方法。它以新马克思主义和法兰克学派的社会批评理论为哲学基础，同时还汲取了语言学、教育学、政治学、心理学、社会学等多个学科领域的理论和方法。实际上，批评话语分析就是通过分析话语的结构考察权力关系是如何被话语所反映和建构的。它采用 Halliday 的系统功能语言学描述语篇结构，并阐释其社会和交际功能，具有较扎实的语言学基础。此外，批评话语分析的理论基础还包括文学批评基础。下面我们分别简单介绍一下批评话语分析与这三个学科的理论渊源。

首先，新马克思主义的社会批评理论和法兰克福学派是批评话语分析的哲学基础，它们关于生产条件和生产关系的概念为 20 世纪中期的话语分析研究提供了借鉴（Beetza & Schwab，2018）。马克思主义重点研究和批评各种控制与剥削的社会关系、意识形态与权力，为话语分析提供了一种批评的基础和态度。批评话语研究的出发点都是基于马克思主义的核心范畴（Beetza & Schwab，2018）。新马克思主义认为文化是维系资本主义社会关系的重要纽带，意识形态作为文化的一个重要方面，充斥在人们的思维方式和做事方式中，也具体体现在社会政治与经济中所涉及的语言的使用上。也就是说，话语反映了政治与经济领域中的意识形态和利益等方面。因此，批评话语分析的理论是具有新马克思主义文化理论基础的。

其次，批评话语分析具有一定的语言学基础。批评话语分析的语言学理论主要基于包括福柯学派和英美学派在内的批评语言学相关理论，同时还汲取了 Halliday 的社会符号学观点和系统功能语言学领域的研究方法展开研究。后结构主义理论认为，语言与话语不但与知识和社会关系具有非常密切的联系，而且能够建构和体现人的社会身份，并决定交际者的社会行为。人们的知识体系都是通过话语建构而成的，历史文化也是通过语篇或话语建构而成的。后结构主义理论还认为，话语是历史的、具体的，它所包含的思想、意义或意识形态会随着时间、环境等条件而发生改变。批评话语分析也汲取了后结构主义理论的观点和研究方法，认为话语和权力存在着密切的关联及辩证关系：话语的使用可以体现话语发出者的权力，权力也会对话语产生一定的影响与控制作用。

最后，批评话语分析理论具有其文学批评基础。批评话语分析借鉴了西方问题研究领域中的做法，把文学语篇作为研究对象，认为可以通过对语篇体裁的交织性与对话性分析来揭示话语背后隐藏的不平等权力关系。Wodak（2001）认为应从历史角度对话语展开分析，对话语的语境与互文性进行整体研究，使话语文本与相关话语行为发生有效的联系，或在历史语境的背景下对话语进行分析，从而更彻底地揭示话语与权力的内在关联。

批评话语分析还借鉴了福柯有关话语建构的社会学观点，认为话语一方面是社会现实的表征，另一方面也会对社会现实进行话语构建。此外，它还借鉴了系统功能语法理论，对话语分析的理论和方法进行了进一步的充实与丰富。Halliday 认为，社会现实是一套完整而有规律的符号系统，它是由社会文化的方方面面共同建构而成的一个集合。语言的功能包括概念功能、语篇功能和人际功能，语言的使用域与语篇体裁和语言选择具有密切的联系，社会目的决定了语篇的组织结构——语场、语旨和语式（Halliday，1995）。系统功能语法将语言与社会结构和社会文化背景紧密地联系在一起，语言形式是由其社会功能决定的，所以应该从语篇所发挥的社会交际功能来揭示其中的主要因素。

批评话语分析理论认为语言是社会实践的方式之一，语篇是语言存在的形式。实际上，批评话语分析主张将语言分析和社会分析有机地结合在一起，并从语言学层面来进行社会分析，主要侧重于社会功能的分析。话语和社会具有互构功能，分析语言的目的就是揭示这种互构关系以及蕴藏在话语中的权力关系和不平等关系（魏欣欣，2010）。随着批评话语分析研究的不断深入，其理论工具和研究方法也不断拓展，近年来还借鉴了诸多其他学科领域的理论与方法进行补充，比如语用学相关理论，我们将其称为批评话语分析的语用学视角，并逐渐在此基础上形成了批评语用学，下面将对其进行简单介绍。

4.2 批评语用学的理论起源与发展

批评语用学（Critical Pragmatics）是借鉴语用学相关理论对话语展开批评分析的一个视角，随后逐渐成为语用学研究领域中的一个新兴领域。该领域主要沿袭批评话语分析的研究路径与方法，采用语用学理论工具来考察在一定社会语境下的话语使用，目的是揭示话语使用背后所隐含的意识形态、权力干预、价值取向、社会偏见、欺诈蒙骗等问题，并在此基础上对不恰当或不文明的语言语用方式展开批评分析，力求弘扬文明的语言语用方式，为社会语言治理及语用文明建设作出一定贡献。

批评语用学理论的起源主要有两方面。一方面，随着语用学自身研究领域的不断拓展与深化，研究的重点从一开始关注社会语境中的语言语用使用方式，逐步转向对话语背后隐藏的社会心理、价值观念、语用歧视、权力关系等意识形态方面的问题的关注，并展开了批评分析与探讨。另一方面，逐步蓬勃发展起来的批评话语分析理论对语用学研究理论与方法逐步产生了影响和渗透，促使两个学科领域的研究彼此交融。由于这两个因素的交叉和相辅相成，最终催生了语用学研究的批评范式以及语用学视角下的批评话语分析研究路径，形成了批评语用学（Mey，1993；陈新仁，2009，2013，2020）。

语用学领域批评分析的思想最早萌芽于 1979 年，丹麦语用学学者 Jacob Mey 发表了《语言研究的批评理论构建》（Toward a Critical Theory of Language）一文，提出了开展"语言解放"的研究理念。随后，Mey 在 1985 年又出版了一部著作《谁的语言？语言语用学研究》（*Whose Lan-*

guage？A Study in Linguistic Pragmatics），运用马克思主义辩证法分析了社会语言使用存在的问题，并强调了将语言与语言使用者紧密结合来展开话语分析的重要性。他认为，语用学研究只有结合语言使用者背后的各种社会因素展开深入分析，才能更深地了解语言使用者的心理及其交际意图。这些观点可以看作批评语用学思想的早期萌芽。在此期间，随着批评话语研究的快速发展，很多语言研究领域均受到批评思想的渗透和影响，语用学也不例外。几年之后，Mey 进一步丰富和完善了早期的批评语用学思想，并在其著作《语用学简介》（*Pragmatics：An Introduction*）（1993）中正式提出了"批评语用学"这一学科概念。他提出，语用学在研究社会领域的语言使用现象时，必须牢牢把握住"语言使用者"这一基本要素，考察语言使用者的身份及其所处的社会语境，以及这些语境对语言使用者产生的影响等。他认为，语用学应该利用自己的学科优势着力揭示语言使用中可能潜藏的语言歧视现象及权力不平衡现象，并努力去改变或减少这些语言使用现象所带来的负面社会影响。该书的主要贡献有两个：一是正式提出了"批评语用学"这个学科概念；二是提出了语用学研究应该多关注话语中存在的不平衡现象及语言歧视现象。然而，这个阶段的批评语用学研究目标、研究方法及体系还处于雏形阶段，并未产生较大的影响。

后来，随着语用学研究范围的逐渐拓展与研究内容的逐步加深，批评语用学的概念与内涵得以丰富与发展。20 世纪末，比利时安特卫普大学 Verschueren 教授也开始关注语言使用中涉及的意识形态问题。他在其专著《语用学新解》（*Understanding Pragmatics*）（1999）中指出交际与意识形态存在密切关联，并结合语用学传统话题探讨了话语与意识形态的关系。同时，该书还揭示了隐性的话语方式对实现霸权主义和群体边缘化的可能性，并提出了开展类似研究所需要遵循的研究框架和路径。虽然他在研究中并未明确使用"批评语用学"这个概念，但其主张的语用学研究在理念与路径上与 Mey 所提出的批评语用学理论主张不谋而合。2007 年，Verschueren 在日本语用论学会第十届年会的专题论坛上再次提出，语用学应该对公共领域话语中存在的社会问题给予更多的关注，从而揭示隐藏在语言之中的话语权力操控和负面意识形态等问题。

随后，陈新仁教授基于 Mey 和 Verschueren 的研究，于 2009 年发表了《批评语用学：目标、对象与方法》一文，认真梳理了批评语用学的起源与脉络，并对该学科的研究目标、研究对象及研究方法进行了比较系统的探讨。2013 年，他在完成的国家社科基金项目基础上出版了一部专著《批评语用学视角下的社会用语研究》，进一步系统阐释了批评语用学的研究方法与路径，建构了社会用语的分析框架，并聚焦店铺名称、欺诈性广告话语、社会歧视用语、不文明社会用语等社会语用现象，开展了批评语用学视角下的个案分析，揭示了社会用语中的不良意识形态，并倡导更文明和适切的社会用语表达。2020 年，该书的英文版 *Critical Pragmatic Studies of Chinese Public Discourse* 由 Routledge 出版社出版，成为国际上第一部用英文撰写的批评语用学著作，进一步奠定了批评语用学作为语用学分支学科的学术地位。

陈新仁（2013，2020）认为，批评语用学是采用语用学理论开展的批评话语分析，属于批评话语分析的一个分支，在理论路径上是对现有的批评话语分析路径的有效拓展和补充。如今，批评话语（语篇）分析的理论路径主要包括系统功能语言学路径（批评语篇分析、批评语言学）、认知语言学路径（批评认知语言学分析或批评认知语言学）、语用学路径（批评语用分析或批评语用学）。也就是说，批评语用学的学科目标是在语用学理论框架内，通过话语的积极评论与消极评论，考察言语交际中消极或不良的语言语用方式，揭示其背后隐藏的不良意识形态、社会观念、话语权力等，并试图通过批判性评论来影响人们的思想与行为，旨在倡导正面的社会语用方式，以期对社会公共领域的语用文明建设和话语生态建设作出应有贡献。

批评语用学中的"批评"基本沿袭了批评话语分析的"批评"内涵，认为批评是"对社会现实生活中的语言使用现象所持有的反思性、观察性态度"（Mey，1993）。基于前人的研究，陈新仁（2009）认为，批评语用学作为语用学的一个新兴研究领域，主要侧重于采用一定的视角或立场对社会语用现象进行积极或消极评论。它一方面考察积极的社会语用现象（如文明、礼貌的社会用语），肯定和倡导积极、正面、文明、礼貌的语言语用方式，称为积极批评语用分析（Positive Critical Pragmatic Analysis，简称 PCPA）；另一方面也关注消极的社会语用现象（如语言使用背后的欺诈蒙骗、权力压迫、社会偏见等），可称为消极批评语用分析（Negative Critical Pragmatic Analysis，简称 NCPA）（陈新仁，2013，2020）。

4.3　批评语用学的理论工具

　　田海龙（2016）认为，话语的研究主要包括两条不同的路径：一条是语言学路径，另一条是社会学路径。其中，语言学路径一般被称为批评语言学研究路径，它主要借鉴 Halliday 等提出的系统功能语法并将其作为理论工具，通过分析语言的运用来考察各方的权力斗争和利益纠结；社会学路径则主要是透过不同社会现象的产生和发展来考察语言在社会发展中的作用。而批评语用学则主要借用语用学领域的一些理论工具，如言语行为理论、预设理论、礼貌理论、语言顺应理论、模因论、关联理论等来展开话语分析（陈新仁，2013）。

　　比如，我们可以从言语行为视角来考察实施言语行为与交际语境及交际者身份的适切性问题，并分析交际者采用的言语行为类型及语言方式的特定用意和特定效果，以及在特定语境下说话人所使用的言语行为可能隐含的负面的意识形态、价值观念或社会心理，并对其展开评论，从而引导人们准确地识别和抵制这些隐藏的负面价值观念或社会心理，并有效地消除它们对受话人可能产生的负面影响。再如，礼貌理论也可以纳入批评语用分析的框架中。语言文明的主要标志是合理地使用社会礼貌用语，因此我们同样可以使用礼貌理论针对不文明、不礼貌的社会用语开展批评语用分析。

　　此外，我们还可以运用预设理论开展批评语用分析。语用预设的单向性和隐蔽性可能会使得话语中被植入说话人故意设计的观点或前提，让听话人无意间就中了圈套。比如支永碧（2011）根据交际者的主观心态，将虚假语用预设分为主观性虚假语用预设和客观性虚假语用预设两种，认为说话人是带着一定的语用目的和意识形态倾向去使用主观性虚假语用预设的。说话者可以利用积极虚假语用预设去表达观点并对读者实施操控，从而有效地实现交际意图。后来，支永碧（2013）又基于系统功能学和批评语言学理论，考察了政治新闻话语中的名词化语用预设与权力、话语控制和意识形态的关系。这两项研究都充分展示了语用预设在批评语用学研究中应用的可行性，并具有较强的解释力。

在顺应论框架下，研究者可以从语言的选择性视角来解读说话人在语言层面及内容上的各种选择，以及这些选择的背后可能存在哪些特定的交际意图，并对其展开批评语用分析。此外，我们还可以从语言的顺应性角度来分析说话人为了达到某些特定的交际意图，采用了哪些话语策略来顺应一些负面社会价值观念或心理因素，对受话人实施心理操控，从而达到其特定的交际目标（钱永红，2014，2019）。同样，关联理论也可应用于批评语用分析的框架。比如，胡旭辉、陈新仁（2014）认为，关联理论的分析框架可以为批评话语分析面临的几个问题作出有效补充，进一步增强批评话语分析的解释性、分析的主观性和结果的不确定性，并提出了具体的解决措施。

除此之外，国外还有一些学者探索了批评语用学研究的理论嫁接与创新应用。比如 Velasco-Sacristan 和 Fuertes-Olivera（2006）结合认知、语用及批评话语分析三个领域的研究方法，建构了一个批评认知语用分析框架，研究了英国广告用语中的性别隐喻现象，挖掘其中隐藏的性别歧视问题。文章论证了批评认知语用分析的特殊优势：有助于帮助观众更高效地找到认知关联，更清楚地揭露广告隐喻中一些性别歧视的意图，并提醒广告受众如何避免和克服广告语言可能产生的负面社会影响。这个混合式批评语用研究框架是一个较为成功的勇敢尝试，也为批评语用学理论的进一步丰富与发展开拓了思路。

4.4　批评语用学的研究现状

批评语用学关注的话题领域比较广泛，包括语言使用中的权力操控问题（比如法庭交际中的权力支配，或者医患交际中的提问、打断或话轮控制等）、语言使用中的偏见/歧视问题（涉及性别、年龄、种族、省籍、阶层、文化等方面的歧视）或社会用语（比如广告用语）中的欺诈问题等（陈新仁，2013）。Mey（1979，1985，1993）认为，批评语用学应该将语言使用者本身作为"批评"的对象，而不是语篇或话语。比如分析或考察具有一定社会权力的交际者是如何通过语言的使用来实现话语控制和权力操控的，包括教育话语、医疗话语、媒体话语等机构性话语；或者通过考察公共场合下的社会用语、官方文件用语等来分析语言使用者的社会情感、主观态度及价值取向等。

　　批评语用学着力于关注社会话语中的现实问题。国内学者对社会话语中的问题展开了一系列探索，从研究领域来看，批评语用研究目前已涉及广告话语、公共环保话语、教育话语等多个领域，体现了较强的应用性及较广泛的开拓空间。比如，国内外许多研究着重关注了商业广告中的一些误导和违法问题。徐建华（2005）分析了我国电视媒体中大量违法烟草广告存在的问题，发现其主要原因是广告商利用隐蔽性的创意手段迎合消费者的心理，假托企业宣传用字幕掩盖真相。陈新仁、陈娟（2012）的研究表明，模糊性商业广告用语在语用效果上具有美化、渲染的功能，对消费者的理解会产生一定的诱导，客观上可能成为引发商业纠纷的隐患。钱永红（2014）分析了欺诈性直销广告中的模糊语使用问题，揭示了广告商利用消费者的某些社会心理进行隐性操控而实施其欺诈目的的心理机制。陈新仁（2018）将语用身份论作为理论工具，分析了房地产商业广告中的身份建构类型、分布情况及话语策略的使用情况，通过分析广告背后的顺应策略，揭示了广告商诉诸身份套路背后的说服机制。此外，批评语用研究还可以用于教学领域。比如胡丹（2011）采用语用学理论对课堂教学评价语中的低调陈述进行了积极批评语用研究，发现低调陈述修辞格"文明的、合理的语用方式"能够为教育和教学营造良好的语言生态环境。使用适当的低调陈述策略有利于创造课堂教学艺术效果，有助于建构和谐的师生关系，也有助于提高学生的综合素质和能力。

　　总的来说，与语用学中的认知视角、哲学视角、社交视角等视角不同，批评语用学属于一个比较新颖的研究视角。目前国内外学者已经勾画了批评语用学的目标、对象、方法以及各种可以利用的理论工具，为今后的批评语用研究与实践指明了方向。从现有研究来看，批评语用研究的理论工具来源和话语分析领域有待进一步拓展。比如，国外学者 Cap（2014）也尝试将认知语用研究方法与批评话语研究分析方法进行嫁接与融合，进一步丰富了批评语用话语分析的理论探索。他在文中探讨了危机与威胁话语的认知语用模型——趋近化分析理论（proximization）在批评话语研究中的运用，并提出批评话语分析的研究领域正不断拓展，应当引入新的跨学科理论来不断丰富其研究方法和路径，从而可以更好地阐释越来越广泛的话语范围、不同体裁和不同主题，比如卫生、环境及当代科技领域及其他领域。本书将在前人研究基础之上，从批评语用学视角对商家网络差评回应话语中采用言语行为所建构的语用身份类型及动因展开分析，进一步开拓批评语用研究的话语领域，运用和谐关系管理的理论工具来进一步丰富批评语用学的研究方法。从实际应用上说，本书可以为商家网络形象危机应对实践提供语言学理论指导，更好地促进国家网络语言语用文明建设。

4.5　本章小结

　　本章首先介绍了批评语用学的理论起源、形成与发展，随后介绍了批评语用学的学科性质与主要话题，并详细阐述了批评语用学的理论工具、应用及发展。最后梳理了现有研究涉及的领域、方法及路径，并提出其可进一步拓展的空间，为后续研究的展开做好铺垫。

第 5 章

批评语用学视角下的身份建构与和谐关系管理

5.1 Spencer-Oatey 的关系管理理论

语用学关注的主要是特定语境下发生的言语交际，包括话语的产出与理解。20世纪中期，随着该领域研究的不断发展，Spencer-Oatey 发现，在人们的交际中，并非只有面子和礼貌这两个因素会对话语选择与使用产生影响。因此，她提出了关系管理理论（Rapport Management Theory，简称 RMT），其中包含"面子、社会权利与义务、交际目标"三个概念。她提出了关系管理的五大策略路径，并阐述了影响这些策略使用的三大要素，从关系管理视角对话语交际者的语言产出展开了深入研究。本节将首先系统回顾关系管理理论产生的学术背景，阐述其涉及的三个核心概念，然后探讨关系管理涉及的话语域以及影响这些话语域选择与使用的因素，介绍该理论框架的运作方式，最后对其进行总结与评价。

5.1.1 关系管理理论的起源及三个核心概念

关系管理理论是由英国华威大学应用语言学研究中心 Spencer-Oatey 教授率先提出来的。Spencer-Oatey（2008）认为以往语用学研究中的面子与礼貌理论主要是基于个体自由与自主权，较少关注面子的人际视角和社会视角。她先后与其合作者（2000，2002，2003，2004，2005，2008，2009a，2009b，2011）提出关系管理理论，认为语用学研究应该更多地关注交际者对彼此关系的建构与管理，并提出了语用学研究的关系转向（relational turn）（Spencer-Oatey，2011）。关系管理理论以2008版（2000年版的进一步修订）最为全面，主张从话语交际者语言产出的角度来分析和阐释关系运作机制，考察人们在交际中是如何通过语言的使用来选取相关话语策略对交际双方的社会关系进行管理的。关系管理理论不再局限于面子和礼貌层面的考量，主要涉及三个核心概念。

第一个核心概念是面子（face），主要涉及面子敏感性的管理。Spencer-Oatey 也承认面子具有普遍性，这点与其他许多学者的见解基本一致（如 Leech，1983；Brown & Levinson，1987；Ting-Toomey & Kurogi，1998）。她认为，面子是交际参与者的正面社会价值，并且与个人的身份和自我概念（个体、群体及关系中的一员等自我概念）息息相关。关系管理的分析可以从关系面子、个体面子和群体面子三个角度展开探讨，包括交际者的能力、荣誉、名誉及自我价值、自我尊严等。一般认为，每个人都会对自己有一定的心理认同，认为自己拥有某些特定的个性或特征，比如具有一些相貌特征，人格上具有一些优点或特点，具有一定的信仰或信念等，并且总是希望自己的这些特性能够得到他人的认可和正面评价，而不是否定评价，或在别人眼中凸显自己的一些负面形象或特性。面子一般与人们情感上的敏感性特征具有密切联系，但这些特征会根据不同语境或文化而发生变化。

　　第二个核心概念是社会权利与义务（sociality rights and obligations），主要涉及人们在交际中的社会预期，考察交际过程中的公平、体谅以及行为适切性等因素。一般认为，交际者在交际互动过程中均受到一定的权利与义务关系的制约或支配。交际者对彼此的交际行为有相应的规约和期待，如果自己或对方未能按照权利与义务关系的预期实施某些行为，就会影响到双方的人际关系。当然，交际双方对社会权利与义务的期待还会受到不同语境中言语规范的影响，例如初识的陌生人之间、亲密朋友之间、单位上下级之间、商业合作伙伴之间、法律协议规约下的交往、特定场合或规约下的行为活动等，交际者在交际过程中对双方的权利与义务关系都按照一定的规范去展开，双方对彼此语言的使用方式与规范都会存在不同的期待。支配或制约不同语境及不同价值观念下的交往规则被称为社会语用交往规则（Sociopragmatic Interactional Principles，简称 SIPs）。社交语用规则中的两个根本规则分别是公平权（equity rights）与交往权（association rights），交际者可以根据不同的社交语用规则来判断交际双方语言与行为的适切性。公平权要求交际者之间做到相互体谅，彼此之间平等相待，一般包括两种类型：损益—受益（cost-benefit）和自主—控制（autonomy-control）。交往权则是指交际双方维护自己及他人进行正常交际活动的权利和自由，也包括两种类型：互动参与—互动疏离（interactional involvement-detachment）（交际者参与交际互动的积极程度）和情感参与—情感疏离（affective involvement-detachment）（交际者情感参与的程度）。此外，交际者个体差异因素、交际者之间的关系因素和社会文化规范因素都会影响到公平权与交往权的适切程度。交际者对双方言行的期待和考量也会根据不同的交际语境和交际目标而发生变化。

第三个核心概念是交际目标（interactional goals），是指人们在交际过程中需要完成的具体任务或达到的交际目标。人们在日常交往中总是受到一定交际目标的驱使，这些目的可能是完成某些事务型交往，或者是建构或加深彼此的社交关系，它们也会影响交际者之间的关系。

5.1.2 关系管理涉及的五个域

正如面子理论所描述的那样，有些言语行为在一般交际情境中会对面子产生威胁，关系管理理论也涉及关系的威胁行为（袁周敏，2016）。必须注意的是，关系管理理论中的行为，其英文词汇是"behavior"（而非"act"），与语言顺应论中提到的语言使用是一种行为（behavior）（Verschueren，1999）的观点相类似，它主要侧重强调语言使用中的社会学意义及心理学意义。关系管理理论认为，交际者之间的关系可能会受到面子威胁行为、社会权利威胁行为/义务漠视行为和交际目标威胁行为三个方面的威胁。如果说话人在另外一个人面前明确表达出对他的不尊重，那么说话人就威胁到对方的面子。比如，假设小李要在商店花钱买一件衣服，结果售货员对他不理不睬，也不满足他的需求，那么售货员就是在漠视她的社会义务，同时也在威胁小李的社会权利。因为按照社交语用规范，小李作为一个顾客，他在逛商店时拥有受到店员相应服务的权利，而店员作为商店的售货员，也拥有将顾客服务好的义务。又如一个陌生人在路边向你借一百元钱，遭到你的拒绝，但他还硬是坚持，让你感到难堪，那么他就威胁到你的交往权，侵犯了你正常的社会权利。关系威胁行为还可以从言语行为的角度来分析，但关系管理理论认为，交际中不仅要关注面子威胁行为，还应该关注社会权利与义务和交际目标两个关系管理维度。除了言语行为会威胁到人际关系管理之外，其他的语言使用也会对交际者管理面子、社会权利与义务和交际目标产生影响，同时也会影响当下交往中交际者之间的关系。RMT将关系管理话语策略的类别分为五个域，具体内容如下：

第一个是以言行事域，也就是言语行为域，涉及关系威胁或关系提升言语行为的实施，比如道歉、批评、赞扬及请求等。第二个是话语域，是指交际互动中所涉及的话语内容及结构，包括话题的选择、管理及信息的结构与序列等。比如，在欢庆的场合中提到一些令人尴尬或者不愉快的事情，或者在悲伤的场合中跟人开玩笑，或者提及一些让人不悦的敏感话题，或者漫无目的地转换话题说些不着边际的话，都会影响交际者之间的关系。第三个是参与域，是指说话人在交际中的参与程度，包括会话的程序，比如话轮转换（话轮间的暂停、话轮转换的权利与义务），在场交际者的参与程度及听众的反应等。第四个是语体域，涉及交往中语体的选择，比如说话人对态度和语气的选择（是采取严肃的态度还是采用开玩笑的语气进行交流），选择与特定体裁或语境相契合的词汇、句法，以及与体裁契合的称呼语或者敬语、谦辞等。第五个是非言语域，比如交际者的眼神、手势或其他的肢体动作等，甚至包括交际者之间的物理距离等。

这五个域的语言选择与使用可以视为关系管理理论中的关系管理策略。言语行为的研究是礼貌与面子研究领域中的重点课题之一，也是关系管理理论分析中的一个重要方面。Spencer-Oatey 认为，对交际者所使用的言语行为策略的考察可以从三个维度来进行，即言语行为成分的选择［语义成分分析法，参见袁周敏（2009）］、言语的直接或间接程度以及升级语/降级语的类型和数量。此外，在话语域中可以考察交际者所选择或使用的会话结构及其序列结构，看交际者是如何更好地实现自己的交际目标的。同样，在参与域中也可以考察交际双方对话中的话轮转换、参与的积极程度和参与的热情等。当然，关系管理理论认为，各种策略之间是如何选择和组合的，这个问题也值得考察和关注，因为交际者并非只是单独使用某一种单一的关系管理策略去实施交际行为。Spencer-Oatey（2008）曾以汉英商务话语为例，分别对五个域及其每个域的策略使用情况展开了详细的分析。国内学者冉永平也从冲突话语（冉永平，2010）、冒犯话语（冉永平、杨巍，2011）以及缓和语（冉永平，2012b）等方面考察了关系管理理论的解释力，发现关系管理理论在分析冲突性话语时对人际关系的社交语用制约方面具有更强的解释力（冉永平，2010）。袁周敏（2015）曾采用关系管理理论框架对医药咨询会话中咨询顾问建构不同语用身份所采取的会话策略进行了分析。赖小玉（2014）曾结合关系管理理论与不礼貌模型探讨不礼貌的维度问题。以上研究对原有理论进行了验证和拓展，也进一步丰富了关系管理的研究范围。

5.1.3　影响关系管理策略选择的因素

关系管理理论中策略使用的影响因素主要包括三个方面，即关系取向因素、语境变量因素、语用规则与惯例因素。

首先是关系取向因素。关系取向包括四个倾向，分别是关系提升倾向、关系保持倾向、关系忽略倾向和关系挑战倾向。说话人可能会有意识地在选择关系管理的倾向基础之上来选择其所需要的策略，进而达到自己的交际目标（比如在理性状态下交际者具有非常明确的交际目标并努力去达成该目标），也可能会无意识地使用某些话语手段而导致关系管理朝某个倾向发展（比如在生气发怒等非理性状态下无意识地说一些冲动的话语或做出非理性的行为等）。但是不管怎样，交际意图是真实交际中一个重要的因素，任何关系管理的理论都应该探讨交际意图。

其次是语境变量因素，语境变量包括以下五个方面的内容或因素，即交际者自身因素和交际者之间的关系因素、信息内容、社会/交往角色、活动类型及对交际语境的总体评估。其中，交际者自身因素和交际者之间的关系因素主要包括交际者的自身特征及交际参与者的人数、权势关系、社交距离，以及特定交际中权势和距离的关系。信息内容主要包括交际者对彼此损失和利益方面的考量，不同言语行为的实施会对双方产生不同的损利程度。比如在实施请求言语行为时，请求对方借给你一辆汽车和请求对方借给你一支笔，涉及的损失程度相差很大。社会交际中，我们需要考量话语中的平衡（equilibrium）问题，比如老张花了很多时间和力气帮小李修好了自行车轮胎，那么两者之间的关系便会产生不平衡，老张花的时间越长、越辛苦，两者之间产生的不平衡就越大。这时候就需要道歉和致谢这些典型的补救言语行为来维持双方关系的平衡（陈新仁，2004）。人们在具体的社会交际语境中，通常预先就有较为确定的身份或角色，比如老师—学生、上级—下级、店员—顾客、主持人—会议参与者等。这种角色分工影响着交际双方的权势和距离，人们对不同的角色也有着不同的权利与义务期待。交际的活动类型也会影响关系管理策略的使用，比如在演讲、主持、法庭审判等活动中，交际者之间的话轮更替等情况均具有不同的规则和规范。交际者对交际语境的总体评估也会影响策略的选择和使用。在交际者参与交际之前，他们便会根据社会规范和以往的交际经验预先形成一个大概的交际框架，这个框架能够相对稳定地体现参与者之间的权势与距离、权利与义务及交际目标等因素。但随着话题及参与者的变化、交际关系的动态发展，交际者还需要动态地衡量各种语境参数发生的变化，从而在新的交际情境下更好地进行关系管理。Brown 和 Levinson（1987）描述交往中的面子问题时也曾表达过类似观点。Spencer-Oatey（2008）也指出语用学研究需要更多地考察交际者在这种动态的交际语境中是如何调整使用不同的语言资源对彼此的关系实施管理的。

最后是语用规则与惯例因素，主要包括社会语用规则（即上文提到的公平权与交往权），以及语言语用惯例（主要体现为语言使用者的语言语用能力）。

5.1.4　关系管理理论评价

关系管理理论提出了威胁交际关系的三个核心概念并探讨关系管理可选择的五个域，以及影响相应域的策略选择与使用的三个因素。它的核心问题是分析如何有效地避免关系威胁行为，并对交际中的人际关系进行成功管理。自从面子的概念提出以来，面子与礼貌的研究就一度成为语用学的重要课题之一，很多关于言语行为的研究所采用的分析框架通常是面子理论（Brown & Levinson，1987）和礼貌原则（Leech，1983）。Goffman（1967）最早提出了"面子"的概念，他从社会学视角出发，把面子看作某种感情投资。Brown 和 Levinson（1987）将面子概念进一步细化（分为正面面子和负面面子），并认为面子是礼貌的主要动因。正面面子指人们保持正面个体形象的愿望，比如希望受到别人的称赞和认同；负面面子则是交际者希望自己的语言和行为能够相对自由，能够拥有言行的自主权。然而，许多学者对这种关于面子的观点阐释提出了异议。比如 Matsumoto（1988）、Ide（1989）以及 Mao（1994）的研究都曾发现，在东方语言文化背景下，交际者倾向于将社会身份（social identity）看得比面子更为重要。Matsumoto（1988）的研究也发现，交际者在互动过程中往往对其在该交际群体中的地位以及彼此的社交关系比较看重，因为每个交际个体都希望得到他人的认可和接受。Gu（1998）也曾指出，虽然在东方文化中也存在面子的自主性、强加度等因素，但是这些因素与面子的相关性不强。还有许多学者（Arundale，2006；Bousfield，2008）认为面子理论并不能全面地解释人际冲突的多元性，也没有关注到文化的适应性。袁周敏（2016）指出，话语本身并没有礼貌与不礼貌之说，而是交际者基于当前交际语境的整体评估和判断而形成的一种看法或者结论。

前期的语用学研究主要侧重于从语言单位角度来分析面子和礼貌问题，而关系管理理论则从交际者发出话语的角度来考虑人际关系的影响因素，具体包括面子、社会权利与义务以及交际目标。同时，关系管理理论的分析维度也从以往单一的言语行为域扩展到以言行事域、话语域、参与域、语体域及非言语域。此外，公平权与交往权的概念也在一定程度上解释了礼貌原则（Leech，1983，2007）中各原则之间存在的相互重叠的问题。以往的礼貌理论研究往往是从认知语用的角度出发，侧重于研究听话人及其语言理解，关系管理理论则是基于社会语用视角，更多地关注说话人及其语言产出，这点与语言顺应论（Verschueren，1999）不谋而合。关系管理理论最初是基于跨文化交际中话语冲突现象的观察与思考而提出的理论，但是其目标却拓展到言语交际中交际者如何对交际双方的关系进行管理。因此，有学者认为，该模式比 Brown 和 Levinson 的面子论及 Leech 的人际修辞论更具有解释力。冉永平（2012a）认为，人际和谐管理模式并非仅仅是针对某种特定语言或特定文化下的人际关系管理，而是一种具有较强解释力的普遍的人际修辞模式。

当然，该理论虽然尽力克服了面子理论与礼貌原则的不足，但也仍然存在着一些问题。比如冉永平（2012a）曾指出，面子和交往权的概念在某些语境中可能会存在一定交叉与重合，有时难以区分。另外，从认知角度看，面子和身份涉及人们对个人形象（self-image）的不同认知，两者经常容易被看作同一个概念。在 2000 年版本中，Spencer-Oatey（2000）将面子区分为素质面子（quality face）和社会身份面子（social identity face），但在 2008 年新版中却没有对其加以区分，而是提到面子和身份（identity）与自我概念（self-concept）密切相关（Spencer-Oatey，2008），作者也没有对这样的变化作出解释。另外，该理论对于交际目标对关系管理的影响以及除了以言行事域之外的其他四个域并没有进行深入的阐释和分析，对三类关系威胁行为之间的相互关系也缺乏进一步的分析与论述。另外，该理论对面子管理、社会权利与义务管理以及交际目标管理三个维度的阐述似乎不在同一个层面，还有待今后在实际运用中进一步完善（袁周敏，2016）。

5.2　礼貌评价视角下的关系管理模式新拟

语言礼貌研究是语用学的核心话题之一，先后分别经历了三波理论主张和研究范式。第一波研究范式主要以 Brown 和 Levinson（1978 /1987）、Fraser 和 Nolan（1981）、Leech（1983）、Fraser（1990）等学者的理论为代表。他们的研究范式中存在四大争议（Spencer-Oatey，2002）：第一，人们使用"礼貌"语言的根本动机是什么？第二，为什么请求、命令等言语行为具有人际敏感性？第三，基于消极面子的理论建构是否过于强调交际个体本身？第四，面子是否纯粹是个体的关注，还是群体的关注？第二波研究范式主要以 Eelen（2001）、Mills（2003）、Watts（2003）、Locher（2006）等为代表，而第三波研究范式主要以 Kádár 和 Haugh（2013）、Haugh（2015）等为代表，正在形成当中。兼具第一波和第二波礼貌研究特点的 Spencer-Oatey 及其合作者（2000，2002，2003，2004，2005，2008a，2008b，2008c，2009）先后提出并逐步完善了关系管理模式（rapport management model，简称 RMM）。陈新仁（2018）在评述该模式的基础上，结合礼貌评价进行整合与改进，提出一个相对完整、更具操作性的分析模式。

5.2.1　关系管理模式的礼貌问题

陈新仁（2018）认为，在上文提及的四大争议问题上，关系管理模式与第一波礼貌理论存在几个方面的区别。首先，Brown 和 Levinson（1978/1987）认为人们使用礼貌语言的目的是满足面子的需求。而 Spencer-Oatey 则认为，面子只是人际关系的其中一个方面，交际者使用语言礼貌的目的是对人际关系进行有效管理。语言礼貌的使用不单纯是为了面子，而是为了进行人际关系的综合管理，其中可能会涉及人际关系的其他维度。Fraser 和 Nolan（1981）、Fraser（1990）认为，语言礼貌的使用是交际者为了履行相关的会话权利与义务，而这些权利与义务中就包括礼貌。Spencer-Oatey 对此观点并不认同。此外，Leech（1983）提出的礼貌原则认为，语言礼貌的使用是为了保持社会平衡和友好关系，这与关系管理模式的主张看似接近，但其实两者之间仍然存在较大差异。Spencer-Oatey 认为，Leech 的礼貌准则可以对不同交际者潜在的面子需求予以考虑和满足，同时也可以对社会权利方面的冲突进行有效协调，但其根本目的还是推进交际目标的达成，而不是仅仅为了对人际关系进行有效管理。

其次，关系管理模式融合了 Watts（2003）的观点，现有的礼貌规则其实是对交际双方的权利和彼此面子需求的管理。比如，像请求、命令等言语行为之所以会影响人际关系，就是因为它们威胁了交际对方的社会权利与义务，而非其面子。Brown 和 Levinson（1978/1987）则认为，这些言语行为会威胁到听话人的消极面子，因为说话人将自己的愿望强加于听话人，威胁到后者的自主性（autonomy）。Spencer-Oatey 认为，面子是个人追求的积极社会价值，因此请求、命令等行为的实施与面子并无多大关系。同时，礼貌原则提出的策略准则（tact maxim）和慷慨准则（generosity maxim）认为，这些言语行为涉及得失问题（cost-benefit issues），而得失问题与权利及义务问题在性质上是不同的。

再次，消极面子的理论建构主要强调的是交际个体本身。Matsumoto（1988）、Ide（1989）认为，在日本社会中，人们更关注个人在群体中的位置以及是否被他人接受，而且看得比个人的自主权更为重要。他们强调认可并维持彼此在社会关系中的相对关系或地位，这是日本社会交往文化中的重要原则。Gu（1990）认为，在中国社会中，邀请、提供等并不威胁消极面子，甚至可能是礼貌的表现。Mao（1994）认为，影响交往行为的因素主要有两个，分别是理想的社会身份（the ideal social identity）与理想的个体自主性（the ideal individual autonomy）。Spencer-Oatey 认为，以往的面子理论过多地强调个人自主与自由的重要性，但相对忽视了面子的社会维度或人际维度。

最后，关于面子到底是个体的关注，还是也可能成为群体关注的问题。Brown 和 Levinson 基于 Goffman（1967）的观点，将面子定义为交际个体的自我关注，也就是"自我形象"（self-image）。Ting-Toomey 和 Kurogi（1998）也从个人角度出发，将面子定义为"自我价值"（self-worth）。而 Gao（1996）等学者的观点则与之不同，认为面子既是个人关注的对象，也是集体或群体关注的对象。Spencer-Oatey 也较为赞同这种观点，指出面子既可能是个人层面的（personally oriented），也可能是群体层面的（group oriented），还可能是双方互惠层面的（reciprocally oriented）。

　　在对上述四大争议问题进行阐述的基础上，Spencer-Oatey 从人际关系管理出发，提出了"关系管理模式"。在最初的模式中，人际关系管理具有面子管理和社会权利（sociality rights）管理两个动机。关系管理模式中的面子与面子理论中的面子概念不同，它与交际者的个人或社会价值密切相关，可以分为个人面子（或素质面子）、关系面子和群体面子，其中后面两种面子又称为社会身份面子。个人面子主要是指一个人的自我价值、尊严、荣誉、名誉等。关系面子和群体面子主要涉及个人在双方或群体中的身份定位、社会角色（如贵宾、领导、朋友等），涉及个人在群体中的公共价值。社会权利主要指交际者个人的社会权利和义务，主要体现为人们持有的特定的社会期盼和基本的社会权利，可以区分为公平权和联络权。

　　后来，Spencer-Oatey（2005）又提出了关系感知的三个关键基础，包括互动需求（interactional wants）、面子敏感因素（face sensitivities）和行为期盼（behavioral expectations）。在其 2008 年出版的论著中，Spencer-Oatey 进一步调整了其关系管理模式（如图 5 - 1 所示），其中互动目标不仅包括互动需求，还包括交际者试图达到的人际关系目标。

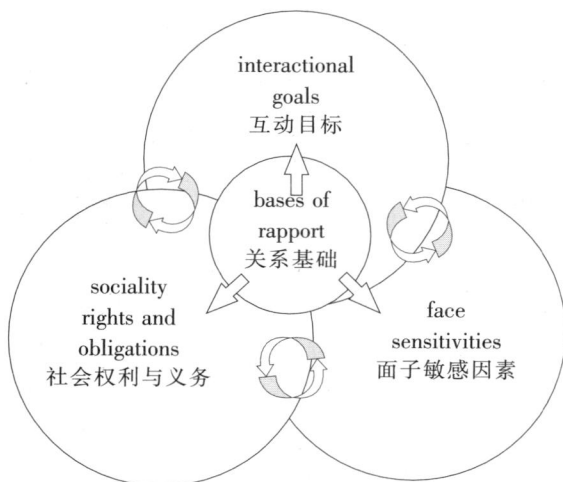

图 5 - 1　新版关系管理模式中的管理目标（Spencer-Oatey，2008）

关系管理涉及面子、权利与义务及互动目标三个维度，因此我们认为交际中的关系可能会面临三种行为的威胁，包括面子威胁行为、权利/义务威胁和目标威胁行为（Spencer-Oatey，2008）。

5.2.2 礼貌评价视角下的关系管理模式

Spencer-Oatey（2008）在其著述中刻意回避使用"politeness"这个术语。首先，她认为"politeness"这一术语的概念范畴宽泛，"容易令人产生混淆"。比如，一般情况下人们倾向于认为礼貌就是指使用相对正式的言语方式或敬语表达，但实际上，礼貌与交际语境密切相关，是指说话人在当前语境下选择的语言表达方式是否适切、得体。而且说话人是否礼貌，不仅取决于交际者使用的语言形式，还取决于在当下语境中听话人对说话人语言及行为的社会评价。其次，"politeness"这一术语主要强调了社会关系中的和谐元素，而忽视了交际中的不礼貌元素。最后，礼貌与身份密切相关。早期就曾有学者（如 Tracy，1990）提出，应该进一步拓宽礼貌理论，从而可以囊括身份概念与范畴，但这样一来，就会涉及形象管理、自我形象呈现等维度，似乎超出了传统礼貌理论的研究范围（维持或提升和谐的人际关系）。因此，Spencer-Oatey 转而使用了"rapport management"（关系管理）这一概念，而避免采用"politeness"这一概念。尽管如此，Spencer-Oatey 在有些文章中还是提及了"politeness"的概念，有时将"politeness"与"rapport management"并置，有时则直接用"rapport"替用 Brown 和 Levinson 的"face"。

陈新仁（2018）认为，关系管理模式可以看作一种更宏观和更具兼容性的礼貌理论，因为它融合了第一波和第二波礼貌理论的主要元素。但这一理论不仅仅局限于 Leech（1983）对礼貌的定义（礼貌语言使用是为了保持社会平衡和友好关系）。此外，关系管理既可以是对和谐人际关系的正面管理，也可以是威胁、伤害人际关系的负面管理。Spencer-Oatey 的和谐关系管理模式认为，影响交际策略选择的人际关系目标主要有以下四种类型：第一，关系提升取向：强化彼此和谐关系的愿望；第二，关系维持取向：维持或保护彼此和谐关系的愿望；第三，关系忽视取向：对彼此关系的好坏不予在乎或关注；第四，关系挑战取向：挑战或破坏彼此关系的意图。

　　陈新仁（2018）认为，关系管理模式作为一种礼貌理论具有四个方面的优势：第一，避免了以往研究中就面子谈礼貌、就礼貌谈规则的做法，将礼貌纳入人际关系管理框架中，更具社会现实性；第二，克服了以往面子理论只关注个体积极和消极面子的局限性，将社会身份和权利纳入理论框架；第三，超越了面子理论内在的文化中心主义，拓展到不同文化背景下的礼貌规范；第四，在一定程度上改变了以往关于消极面子的认识，更多地将交际者和交际语境纳入分析范畴，认为请求、命令等行为并不完全涉及面子问题。

　　陈新仁（2018）认为，Spencer-Oatey 提出的理论模式虽然优势明显，但还存在四个方面的问题：第一，礼貌在关系模式中的语用属性和核心位置未能有效突出，（不）礼貌与关系管理之间的关系未能有效厘清；第二，对礼貌或不礼貌的相对性、评价性、程度性、操纵性等新特性未能给予有效的深入阐释；第三，对于如何完善现有礼貌理论的分析工具，增强其分析的可操作性方面也未能有效探讨；第四，模式中的三个核心维度之间可能存在一定的重合交叠关系，而且三个维度之外还可能存在其他维度，未能充分考虑。基于对这些问题的思考，陈新仁（2018）在 Spencer-Oatey 的理论模式基础上提出一个新的关系管理模式，如表 5 – 1 所示：

表 5 – 1　陈新仁（2018）的关系管理模式

说话人的关系管理						听话人（基于特定语境社会秩序的）（不）礼貌（评价）
管理取向/管理结果	管理维度				话语选择	
	面子	利益	权利与义务	情绪	交际目标	
提升关系 ↕ 维持关系 ↕ 忽视关系 ↕ 挑战关系 ↕ 伤害关系	尽可能提升素质面子或社会身份面子 ↕ 尽可能拉低素质面子或社会身份面子	尽可能给予个人或群体利益 ↕ 尽可能剥夺个人或群体利益	尽可能赋予社会权利（自治权或联络权）↕ 尽可能强调社会义务（自治权或联络权）| 尽可能照顾对方的情绪 ↕ 尽可能恶化对方的情绪	尽可能推进交际目标（对方或彼此需求）↕ 尽可能妨碍交际目标（对方或彼此需求）| 言语行为域 话语域 参与域 语体域 非言语域	礼貌 ↕ 不礼貌

　　相对于 Spencer-Oatey 的关系管理模式，该模式对关系管理的取向、关系管理的维度、关系管理的策略、关系管理的礼貌评价几个方面进行了一

定的调整和补充。

第一，对于关系管理的取向，该模式同样认同说话人在交际的全过程或特定阶段具有关系管理的需求。但这些需求除了包括彼此关系的提升、维持、忽视、挑战，还可能存在伤害的取向，而 Spencer-Oatey 的模式中没有涉及最后一种情形。

第二，该模式认为，交际者选择了特定的关系管理取向后，除了会从面子、权利与义务、交际目标三个维度进行管理之外，还会从利益、情绪等维度进行关系的积极管理或消极管理。也就是说，陈新仁（2018）基于 Leech（1983）的观点，将利益从 Spencer-Oatey 框架的社会权利中单独分离出来，认为利益本身可以是关系管理的一个独立维度。此外，Spencer-Oatey（2005）认为情绪反应是关系管理评估的结果而非管理维度，而该模式则将情绪作为关系管理的一个独立维度，其文献依据主要是 Leech（1983）礼貌原则中的同情准则以及后来提出的情感保留准则（Leech，2014），这在很大程度上体现了对情绪的管理。也就是说，新的关系管理模式中，交际者可以从面子、权利与义务、交际目标、利益和情绪五个维度对关系进行管理。

第三，一旦说话人确定了具体的关系管理维度，就会诉诸各种语用策略，或遵守或违背礼貌准则（Leech，1983，2014）来进行管理。而具体的管理过程的实施都需要通过话语的选择来实现。具体而言，说话人会在言语行为域、话语域、参与域、语体域、非言语域中的一个或多个域进行各种选择。也就是说，各种人际关系管理策略需要在不同域中通过（非）语言的选择来加以表征。同样，说话人有意无意选择使用的话语策略也会体现或影响人际关系的管理取向。

第四，该模式认为，听话人（可能也包括旁听者、旁观者等）会对交际者使用的话语所体现的关系管理取向进行评估，其依据是适用于当下语境的社会秩序或道德秩序，评估的结果是对交际者话语进行判断，看它是否礼貌或得体。语境因素既包括交际双方的权势关系、社会距离及参与人数等因素，也包括强加幅度、损益方向，还有当前交际发生的时空、环境因素等交际任务自身的因素。此外，它还可能包括交际双方所遵循的交际互动原则及语言语用规范等因素。在这个框架下，礼貌判断不直接与特定的礼貌语言或面子策略等的使用发生直接联系，也不会直接影响人际关系，而是需要首先对相关语言或策略背后的关系管理取向进行评估，评估的结果（即礼貌或不礼貌）才会对人际关系产生影响。因此，有些在一般语境中通常会被认为是不礼貌的表达方式（如玩笑性嘲讽），虽然表面上可能会伤害对方的素质面子或社会身份面子，但如果听话人之间的关系比较亲近，听话人就不会认为说话人带有消极的关系管理意图，也不会对彼此的人际关系带来伤害。

第五，陈新仁（2018）认为，（不）礼貌是一种评价的结果，礼貌与不礼貌属于一组程度性的概念，共同处在一个连续统上，评价的结果决定了关系管理的结果。连续统这一观点与 Leech（1983）关于礼貌的观点相一致，而评价的观点与第二波礼貌观相一致。（不）礼貌的评价体现为特定交际语言及行为在当前语境下对彼此关系带来的影响，这种影响是一个程度性的概念。如果当前交际语言与行为被认为旨在提升彼此的人际关系，则往往被评价为礼貌行为；反之，则往往被评价为不礼貌行为。但评价所依照的规则应该是当前语境下彼此共同认可的社会秩序或道德秩序。

陈新仁（2018）提出的关系管理模式从礼貌评价的角度来看待人际关系管理，揭示了该理论模式的礼貌内涵与实质，同时进一步明确了交际的根本目标是进行人际关系管理。该模式把交际双方的互动纳入了关系管理的分析框架，彰显了（不）礼貌的主体间性。该模式通过纳入语境因素，彰显了（不）礼貌的语境制约性和人际关系的动态性。总的来说，该模式的框架体系更加完善，具备更强的实际操作性。但其问题可能在于，仍无法凸显礼貌的共建性、过程性、历史性，无法体现礼貌的个体、社会、文化等维度的变异性和相对性。同时，该模式中各个层面的逻辑性也还有待加强。本书将基于这个新模式，结合批评语用学视角下的语用身份建构，建构适合本书网络评论回应语料的批评语用学视角下的和谐关系管理模式。

5.3 批评语用学视角下的身份建构与和谐关系管理模式

5.3.1 批评语用学研究思路

前面章节我们介绍了批评语用学的起源、发展、理论与方法及应用情况，在此不再赘述。本节我们将简单介绍一下现有的批评语用学研究思路和框架，从批评语用学视角进行语用身份与和谐关系管理模式的建构。

陈新仁（2013）在借鉴批评话语分析的方法和 Jef Verchueren 提出的语用学理论服务公共话语的步骤基础之上，提出了批评语用分析的思路。具体如图 5 - 2 所示：

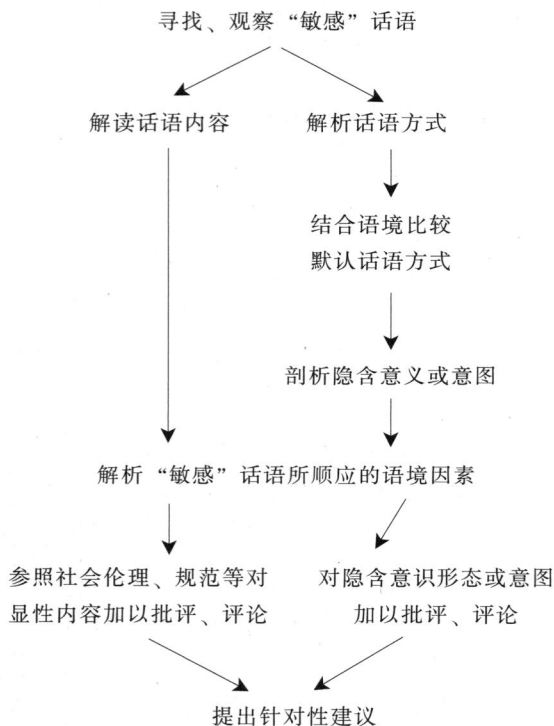

寻找、观察"敏感"话语

解读话语内容　　　解析话语方式

结合语境比较
默认话语方式

剖析隐含意义或意图

解析"敏感"话语所顺应的语境因素

参照社会伦理、规范等对　　对隐含意识形态或意图
显性内容加以批评、评论　　加以批评、评论

提出针对性建议

图 5 - 2　批评语用分析的思路①

首先，寻找并确定含有语用批评"价值"的话语，比如带有权力压制、（种族、性别、地域等）歧视、欺诈、语言暴力或带有低俗价值观念等消极意义的话语，或具有文明、和谐色彩等积极意义并值得推崇推广的话语。其次，在话语内容或语言语用特征（或话语方式）方面对选定的话

---

① 图中两条线路的批评分析可以单独进行，也可以结合起来分析，具体情况视"敏感"话语是否同时涉及话语内容和话语方式两个方面而定。

语进行分析，考察话语内容顺应的语境因素（包括社交世界、心理世界等因素）（Verschueren，1999），将社会语境中普遍被认可、肯定、提倡的基本伦理、法则、规范等作为标尺，对相关话语进行批评或评论。再次，在话语方式方面借鉴预设理论、指示语理论、指称理论、言语行为理论、面子理论、含意理论等语用学理论，结合话语发生的微观语境，考察目标话语的话语方式与规约话语方式，或表达方式之间存在的社会意义或情感意义差别，揭示交际者的隐蔽意义或意图。运用语言顺应论或其他语用学相关理论，对特定话语顺应或涉及的意识形态加以分析，剖析交际者的语用动机，进而对其展开批评性评价和评论。最后，针对话语的使用情况或凸显的问题，提出话语使用的针对性建议或对策，以促进话语的规范、文明、和谐使用，推动人际或社会和谐发展。

就研究的开展而言，批评语用分析可以开展个案研究，也可以进行对比分析，还可以根据需要进行定量研究。钱永红（2014）在批评话语分析的主要理论及方法（Fairclough，1995）和陈新仁（2013）的批评语用分析框架的基础上，结合研究对象和研究特色，建构了欺诈性模糊话语的批评语用分析理论框架。与之前模糊话语的批评语用研究（陈新仁、陈娟，2012）不同，钱永红（2014）从接受者客位视角切入，由他们指认批评的"问题"话语。研究者并非从主观角度去认定模糊必然导致欺诈，在实际调查中也未向接受者暗示模糊话语与欺诈的联系，而是让被调查者观看涉嫌欺诈的电视直销视频，请他们指认具有欺诈或误导倾向的所有语言表达，然后由研究者从中总结出与模糊相关的表达，再进行批评语用分析。她结合研究对象将 Fairclough 的三维分析框架和陈新仁的批评语用分析框架进行整合，建构了如图 5 - 3 所示的批评语用分析框架。

该框架的分析步骤主要分为三个核心层面。文本分析层面重点考察涉嫌误导的模糊话语的话语方式和在非法电视直销广告中的使用情况。话语实践层面主要分析非法电视直销广告中所使用的模糊话语涉嫌欺诈的程度，并揭示涉嫌欺诈的程度与形成方式及涉及内容方面存在的内在联系，从而挖掘出模糊与欺诈的关系。社会实践层面主要引入关联论中的语用充实理论，剖析模糊话语的理解机制并分析模糊话语背后所隐藏的相关社会心理因素。最后，用顺应论分析非法电视直销广告对消费者的一些心理进行的负面顺应，从而解析话语方式与社会实践的关系。

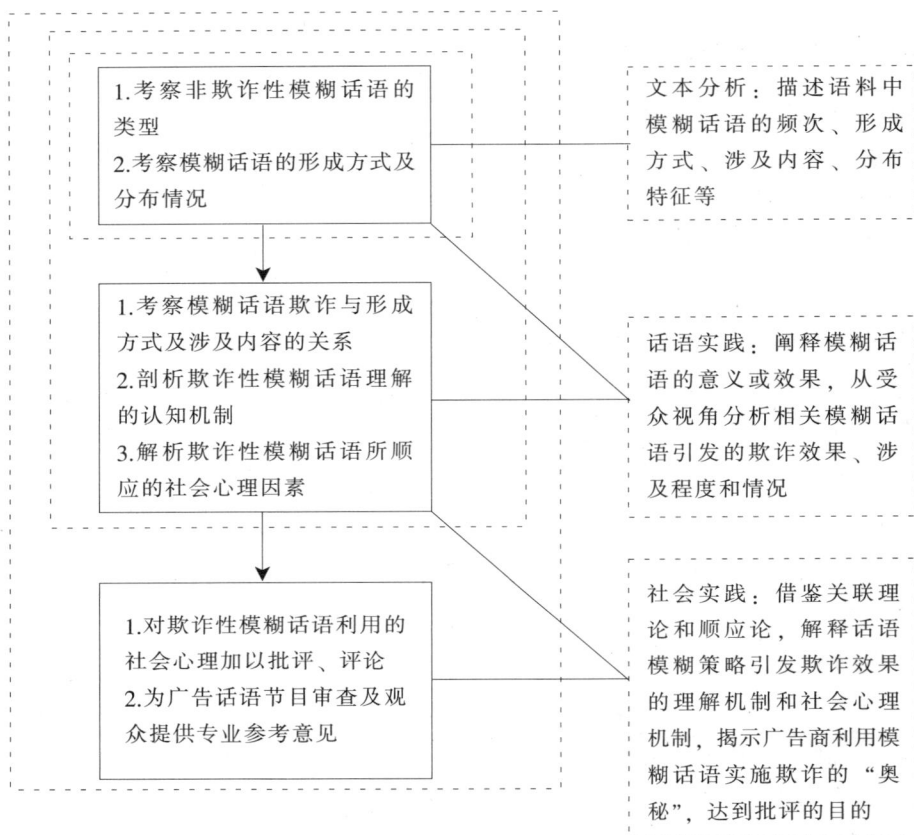

图 5-3 欺诈性模糊话语的批评语用分析框架

从以上两个批评语用分析框架的建构可以看出，批评语用学研究的核心理念主要体现在三个方面：一是采用语用学理论作为批评话语分析的理论工具；二是批判性地评价与评论；三是弘扬并倡导合适、和谐的语用方式，为语用文明建设作贡献。其分析框架的建构只要不偏离这三个核心要素，并无特定的拘泥之处。鉴于批评语用学研究目前仍处于初级阶段，其理论建构与分析框架仍存在诸多拓展和完善的空间，本书尝试将批评语用学视角和身份的和谐关系管理路径相结合，建构一个批评语用学视角下的身份与和谐管理研究框架。

5.3.2　言语行为、语用身份建构与和谐关系管理：框架建构

本节将借鉴陈新仁（2018）建构的新的关系管理模式，重点阐述言语行为、语用身份建构以及和谐关系管理三者之间的关系，然后建构本书的理论框架。

5.3.2.1　言语行为与语用身份建构

Tracy（2002）认为，言语行为是一种话语实践（discursive practice），说话人既会采用人称指示、言语行为、语音、语类混合等简单手段，也会通过掌控互动结构、直接或间接程度、叙述方式、立场等较为复杂的方式来建构身份。Jef Verschueren（1999）认为，话语组织的任何一个层次都有可能发生语言顺应，依次为：符号系统、交际渠道、语码、语体、言语事件、语篇、言语行为、命题内容、句、词、语音等。陈新仁（2018）基于以上两位学者的观点，提出了语用身份建构的话语实践类型，包括语码选择（提示自己或对方身份的语言种类，如英语、法语或汉语，方言如闽南话、东北话，特定语码如黑话等）、语体选择（提示自己或对方身份的语体，如正式语体、随意语体）、语篇特征选择（语篇会话组织特征如话轮转换行为等）、话语内容选择（提示身份的话语内容，如话题、信息、观点、预设等）、话语方式选择（如表达思想的直接或间接程度、投入程度）、言语行为选择（提示自己或对方身份的言语行为，如批评、表扬、建议、宣告等）、称呼语选择（如您、你、亲爱的等）、语法选择（如人称代词、附加疑问句等）、词汇或短语选择（如标记语、行话、语气词等）、语音特征选择（如音高、音速、音质、口音、标准音等）、副语言特征选择（如手势、距离、眼神等）。从以上内容可以看出，语用身份的建构可以从话语实践的一个或多个维度进行，而言语行为是语用身份建构的其中一种话语实践手段。由于关系管理理论（Spencer-Oatey，2008；陈新仁，2018）框架中的话语选择范围中也包括了言语行为域的选择，由此，我们便可以建立起关系管理框架中言语行为与语用身份两者之间密不可分的联系。

陈新仁（2013）认为，语用身份不是"固有的"或"一成不变的"的东西，人们在交际中的语用身份是根据一定的交际目标，由交际者主动地、有策略地调用资源而建构的身份。语用身份是交际者某个"特定的社

会身份在语言交际语境中的具体体现，是其社会身份语境化、语用化的产物"（陈新仁，2013）。而言语行为是语用身份建构的话语实践类型之一，交际者可以通过言语行为的选择来提示自己或对方的身份，比如批评、表扬、建议、宣告等言语行为（陈新仁，2013）。实际上，目前已有多项研究成功展现了言语行为与语用身份建构的密切关联，并产出了富有价值的研究成果。比如任育新（2013）考察了学术答辩语境下专家通过建议言语行为的实施而建构的知识渊博型专家身份、权威型专家身份、谦逊型专家身份及亲和型专家身份四种语用身份，并论述了专家身份的动态建构是为了满足当前交际的需要、顺应不同语境因素的结果。李娟（2016）研究了博士学位论文致谢言语行为中作者建构的职业身份、社会身份和个人身份等多重身份，认为博士生在毕业论文致谢语这一特定学术语境中会通过选择或建构特定的语用身份来实施致谢等施为目标，同时展示自己的个性特征、学术精神、学术能力、学术投入和道德情操等，以获取答辩委员的好感，并为自己在学术界赢取一定的学术地位。成燕帆、郭书彩（2020）考察了教师在课堂不同阶段的言语行为策略，论述了言语行为在教师语用身份建构中的重要作用。由以上研究可以看出，言语行为的选择和使用与交际语境及交际目标密切相关，交际者在特定语境中会选择使用特定的言语行为来建构自己的语用身份，从而更好地助力交际目标的实现。也就是说，言语行为的选择其实是交际者对自己语用身份的具体建构方式之一，对语用身份的建构及交际目标的实现具有非常重要的作用。

5.3.2.2　身份建构与和谐关系管理

Haugh、Kádár 和 Mills（2013）认为，人际语用学是一种研究人际交往和人际关系的语用学视角，"礼貌"（Brown & Levinson，1978/1987）与"人际修辞"（Leech，1983）是该学科最初的两个核心议题。近年来，随着该学科的不断发展，人际语用学的研究重心逐渐出现了宏观的人际关系转向，涉及的理论框架主要包括关系工作（relational work）（Locher & Watts，2008）、面子建构（face-constituting）（Arundale，2010）等。此外，和谐关系管理（rapport management）（Spencer-Oatey，2008，2013）理论的实践运用也成为人际语用学研究的重点内容之一。

在过去 20 多年中，有关身份及身份建构的语用研究已取得很多成果，按其研究的重点可以划分为三个阶段（李成团、冉永平，2015）。第一阶段的研究重点关注分析身份建构的类型与涉及的语用标记，比如专家身份建构的类型及专业术语或标记语（如行话）的选择与使用（wilkinson & Kitzinger，2003；van de Mieroop，2007）、职业身份建构及正式语域的选择与使用（Lorenzo-Dus，2005）等。第二阶段的研究主要侧重于探讨身份建构、面子及（不）礼貌的关系，比如 Spencer-Oatey（2007）从个人身份心理视角分析了身份与面子的关系，Higgins（2007）探究了面子与社会身份的关系等。第三阶段的研究则主要致力于将身份理论融入人际（不）礼貌理论的体系。很多学者（Lorenzo-Dus，2009；Garcés-Conejos Blitvich，Lorenzo-Dus & Bou-Franch，2010；Haugh，2010a；李成团，2010；李成团、冉永平，2012）强调，身份是由参与交际的交际者共建的，并能对当前交际中话语行为的（不）礼貌评价产生影响。然而，李成团、冉永平（2015）认为，这三个阶段的人际语用学研究主要是从其他学科视角进行的，对身份建构背后所涉及的人际动因和理据探讨相对不足，因此他们提倡从人际语用视角来对身份建构问题展开研究。Locher 和 Graham（2010）编著的论文集对人际语用学视角下身份研究的基本框架进行了梳理，并讨论了人际语用学身份研究的理论视角（de Fina，2010）、人际取效的身份策略使用（Haugh，2010b）及人际语用身份研究的语境问题（Davis，2010）等方面的问题。这些研究都考察了身份建构的人际作用，初步反映了身份建构在人际语用学研究中的重要性。近来，西方很多语用学者（Locher，2008，2013；Arundale，2010，2013；Haugh，2013；Garcés-Conejos Blitvich，2013）明确指出人际语用学与身份建构研究的关系。李成团、冉永平（2015）总结了身份建构的人际语用研究范围、原则与议题，为身份研究提出了新的导向，并指出身份建构与人际关系建构具有密不可分的关系，身份建构是人际关系建构与调节的一个必备过程，而人际关系是身份建构的构成要素（Spencer-Oatey，2013；Locher，2013）。人际语用学研究已经开始逐步转向深入挖掘身份建构与人际关系建构的相互联系与作用，研究者可以通过身份的建构来调节交际者之间的互动社交关系，比如地位的高低、关系的亲疏、权利与义务的关系等。而社交关系的调节，自然也包括通过身份的建构而对关系好坏的取向进行调节和管理（比如选择提升关系、维持关系或忽视关系等），如此一来，我们便可以建立身份建构与和谐关系管理之间的互动联系。

5.3.2.3　本书的理论框架建构

Spencer-Oatey（2000，2002，2005，2008）认为，言语交际的互动过程就是说话人基于人际"和谐"与"不和谐"的取向选择而体现在对话语域及话语策略等方面的选择。冉永平（2012）认为，追求人际和谐是人类理性的一种重要体现，交际主体一般情况下都会尽力采取措施避免或消除冲突，建构和谐的人际关系是人际交往的一般常态；言谈会话中交际者总是会有意无意地选择使用一定的语言手段和策略来更好地建构新的人际关系，或维护现存的人际关系。Spencer-Oatey（2008）及陈新仁（2018）的关系管理模式均指出，说话人在一定交际目标的驱使下，对话语策略的选择首先会直接体现在话语的选择方面，而对言语行为域的选择是话语选择的一个重要方面。从以上论证我们可以看出，言语行为的选择和使用也会体现交际者对自己和对方的身份建构，而交际者的身份建构无疑会对交际双方的关系好坏产生影响。在特定交际语境中，交际者为了修复或维护彼此之间的关系，保持和谐，会通过建构或凸显自己的某些身份特质来更好地传达交际意图，获得对方认可、求得对方原谅或取得对方信任，对彼此的关系达到较好的管理效果，有效地实现说话人期待的交际目标。

目前语用身份研究主要有五种路径，分别是解读资源路径、施为资源路径、人际资源路径、阐释资源路径与评价资源路径。身份的解读资源路径是指将交际者选择或建构的身份看作一种解读资源，从身份的角度去解读话语的意图和意义。身份的施为资源路径是指将交际者选择或建构的身份视为一种施为资源或行事资源，研究交际者如何通过建构特定身份而达成具体的交际目标。比如任育新（2012）探讨了中国博士学位论文开题报告会上答辩专家为了满足特定的交际需要而通过建议言语行为建构的多种语用身份。陈新仁、袁周敏（2010）研究了在报纸的新闻标题上作者或编辑是如何通过凸显事件当事人的身份而达到吸引读者关注、与读者互动、引起读者共鸣等预期效果的。身份的人际资源路径是指将交际者建构的身份看作一种人际资源，考察交际者如何建构特定的身份以达到亲近或疏远交际对象的目的。身份的阐释资源路径是指通过交际者选择或建构的语用身份来解释特定话语选择与使用的原因。比如 Blitvich（2009）发现，美国时事访谈广播节目中的不礼貌现象主要归因于主持人、嘉宾、观众之间共同的身份建构。陈倩、冉永平（2013）发现有意不礼貌与身份建构之间存在着密切联系。吴珏（2014）研究了新闻标题的主观化问题，发现主观化新闻标题中特定身份建构的内在动因是达到一定的交际目标。语用身份的评价资源路径是指将交际者选择或建构的身份看作一种评价资源，考察特定交际情境中的话语是否适切或得体。比如陈新仁（2010）分析了一幅有关打击某某籍犯罪团伙的横幅，指出横幅中不恰当凸显的籍贯身份，并在批评语用学的理论框架中揭示隐蔽的负面社会意识。

语用身份的研究仍存在较大拓展空间，未来可借助更多的理论来开辟更多的研究路径，进一步展现语用身份的可塑性和解释力（陈新仁，2018；蒋庆胜，2019）。本书将陈新仁（2018）的关系管理模式与身份建构理论进行嫁接，尝试拓展身份研究的关系管理路径，建构以下分析模式，并对其展开简要阐释。

第一，本书认同 Spencer-Oatey（2008）及陈新仁（2018）的观点，说话人的交际过程本质上是人际关系管理的过程，交际者首先会对彼此的关系管理取向进行一个预先选择，其选择的取向可能是对彼此关系的提升、维持、忽视、挑战或伤害（陈新仁，2018；Spencer-Oatey，2000，2008）。本书认为，这几种关系管理的取向处于一个连续统上，上下两端分别是好的取向和坏的取向，而其中的几个取向可以根据其程度不同或实际需求进行细分。比如在双方关系遭到破坏的情况下，出于某些实际需要，交际者可能会有意对两者关系进行修复，因此在维持和忽视关系的中间，还可以加上"修复"这个取向。

第二，交际者一旦选择了特定的关系管理取向，就会对听话人的面子、利益、权利与义务、情绪、交际目标等方面进行积极管理或消极管理（陈新仁，2018）。如果交际者选择对双方关系进行积极管理，就会尽可能地满足对方这些方面的需求；而如果交际者选择忽视或伤害彼此的关系，就会选择对双方关系进行消极管理，尽可能地不满足或妨碍对方的这些需求。当然，交际者可以选择在某一个维度对关系进行管理，也可以选择同时在两个及以上的维度进行关系管理。

表 5 - 2 　说话人的关系管理批评语用学视角下的身份建构与和谐关系管理

说话人的关系管理								旁观者对身份策略的评价（基于特定语境和社会秩序）
判断并选择管理取向/管理结果	管理维度					身份建构	话语域的选择	
	面子	利益	权利与义务	情绪	交际目标			
提升 ↑ 维持 修复 ↕ 忽视 挑战 伤害 ↓	尽可能提升素质面子或社会身份面子 ↕ 尽可能拉低素质面子或社会身份面子	尽可能给予个人或群体利益 ↕ 尽可能剥夺个人或群体利益	尽可能赋予社会权利（自治权或联络权）↕ 尽可能强调社会义务（自治权或联络权）	尽可能照顾对方的情绪 ↕ 尽可能恶化对方的情绪	尽可能推进交际目标（对方或彼此需求）↕ 尽可能妨碍交际目标（对方或彼此需求）	身份策略通过身份建构来调节和管理关系	言语行为域（言语行为类型结合话语内容及语言形式）话语域参与域语体域非言语域	礼貌（交际者形象好）↕ 不礼貌（交际者形象差）

　　第三，一旦说话人确定了具体的关系管理维度，就会诉诸各种语用策略对当前交际关系实施管理。人际关系的管理策略体现在不同域中的语言或非语言选择方面；同样，交际者对（非）话语策略有意或无意的选择和使用也能体现或影响人际关系管理的取向。但我们认为，言语行为域、话语域、参与域、语体域、非言语域这几个域的划分也有一定的重复交叠之处，比如言语行为域，似乎是可以划分在话语域之中的，因为话语是一个含义非常广泛的社会学概念，应该是可以囊括话语中包含的言语行为域的。而且，这几个种类也似乎并不在一个维度上，还存在进一步完善的空间。此外，这些域的选择和使用，还可以通过建构一定的身份，采用语用身份策略来实现关系的管理。陈新仁（2013）指出，身份建构的可变性在于交际者的社会身份具有多重性，亦即交际者会在特定的交际语境中根据自己的交际需要，从多重身份中选出能实现交际目标的不同身份，而这种身份的选择具体表现在对话语的选择方面。本书认为，身份策略是交际者倾向采用的语用策略之一，交际者可以根据情境凸显自我身份的某些特定的维度和特质来建构不同的语用身份，帮助实施当前的关系管理。身份的建构又是通过话语的选择而得以实现的，话语的选择包括多个域，比如言语行为域、话语域、参与域、语体域、非言语域等。本书侧重从言语行为

域，同时结合言语行为的话语内容和语言形式来考察商家在网络差评回应中的语用身份建构，并开展批评语用学视角下的批判性评论与评价。

第四，关于说话人的话语选择，本书认同陈新仁（2018）模式的观点：听话人（包括当前交际者及相关旁观者）会依据当下语境的社会秩序或道德秩序对说话人发出的话语从（不）礼貌角度进行评判，也会对其背后的关系管理取向进行评估。其涉及的语境因素既包括交际双方的自身因素，如权势关系、社会距离、互动角色、参与人数等；也可能涉及交际任务的因素，如强加幅度、损益方向；还包括当前交际发生的时空、环境因素；此外还有交际双方信守的交际互动原则、语言—语用规范、活动类型等。对于本书中涉及的商家与消费者的网络评论互动，我们采取研究者视角，根据商家与消费者之间权利与义务的关系，对商家回应的身份策略开展批评语用学视角下的评估和评判，对礼貌的身份策略予以倡导，对不礼貌、不适切的身份策略予以批评，从而提倡文明、和谐的网络互动语用身份策略。

第五，关系管理与（不）礼貌评价之间具有较为密切的联系（陈新仁，2018）。（不）礼貌是交际者对相关话语进行评价的行为或结果，礼貌与不礼貌是一个程度性概念，评价的结果会对双方关系产生影响。也就是说，礼貌评价是听话人基于说话人所选择的话语而进行的评价，说话人当前所处的语境也会对评价产生影响，这种评价的结果最终也会对彼此的人际关系产生影响。如果特定的交际行为被听话人认为是为了提升彼此的人际关系，则会被评价为一种礼貌行为；否则就会被评价为不礼貌行为。说话人发出特定话语背后的关系管理取向决定了说话人是否会被听话人评价为（不）礼貌，体现为（听话人是否认为）说话人旨在维持、提升或破坏彼此的关系。此外，本书还在此基础上增加了一个评判维度，在考察商家回应中身份建构的礼貌性基础上，再根据当前交际语境及当前社会商家与消费者之间的权利与义务关系角度，引入批评语用学视角，对商家建构的语用身份的适切性进行评判和评价，最终倡导文明、礼貌的网络互动语用规范，为网络语言的文明建设作出应有贡献。

简而言之，交际者首先会对交际情境及损益进行评估，然后确定关系管理取向，并对关系管理维度进行选择，其次会选择采用某种策略来对关系进行管理，通过对话语实现方式的选择来实现这个策略，最后达成交际目标，实现预期的关系管理，如图 5 - 4 所示：

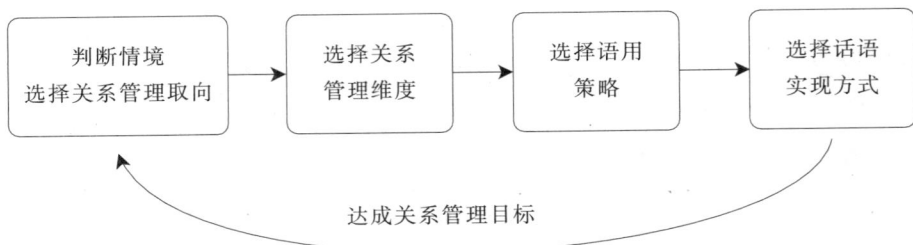

图 5 - 4　交际者关系管理过程

　　而批评语用学视角的评价和评论则是从研究者视角切入，主要是基于当前的交际语境和交际双方的权利及义务关系等因素，基于适用该语境的社会道德规范和秩序，对交际者采用的语用身份策略及话语实现方式进行批判性评价，最终倡导文明、礼貌的网络互动语用身份建构策略和规范，为网络语言的文明建设作出应有贡献。

5.4　本章小结

　　本章首先回顾了 Spencer-Oatey 的关系管理理论的三个核心概念（面子、社会权利与义务和交际目标）及关系管理涉及的五个域（言语行为域、话语域、参与域、语体域和非言语域）的策略以及影响这些策略使用的三大要素（关系取向、语境变量、语用规则与惯例）。其次介绍了陈新仁（2018）针对该关系管理模式存在的不足而提出的关系管理新模式。本书结合研究中涉及的对象和内容，在关系管理新模式的基础上，添加了关系管理的身份维度，以及关系的修复这个交际取向，并尝试从批评语用学视角将身份策略与关系管理的过程及维度相结合，建构批评语用学视角下的身份与关系管理分析框架，为本书后续分析提供可操作的分析路径。

第 6 章

研究内容、语料及研究方法

6.1　言语行为、身份建构与和谐关系管理

Spencer-Oatey 提出的关系管理框架中未明确阐述身份建构与关系管理的关联，但由于关系管理的话语选择包含五个域，而这五个域的选择又与身份建构密不可分，因此，身份建构与关系管理也是具有密切联系的。言语行为域作为五个域的其中之一，对于身份建构的作用也是毋庸置疑的。事实上，我们考察商家网络差评回应中的言语行为如何建构身份并实施关系管理是有文献支持的。言语行为理论的基本主张可以归结为"说话就是做事"（Austin，1962），或者"通过言辞行事"（doing things with words），比如实施许诺、发出警告或威胁、表示请求、表达命令、实施批评等（冉永平，2006）。陈新仁（2018）认为，语用身份建构的话语实践类型可以包括语码选择、语体选择、语篇特征选择、话语内容选择、话语方式选择、言语行为选择、称呼语选择、副语言特征选择等；交际者可以通过言语行为的选择来提示自己或对方的身份，比如宣告、批评、表扬、建议等言语行为（陈新仁，2013）。也就是说，言语行为是身份建构的话语实践类型之一，交际者可以通过言语行为的选用来建构合适的语用身份。

李成团、冉永平（2015）指出，身份建构是人际关系建构与调节的必经过程，而人际关系是身份建构的构成要素，二者具有非常密切的关系（Spencer-Oatey，2013；Locher，2013）。交际者可以通过身份建构来调节彼此的关系，或者有意识地对彼此的关系进行有效管理，比如地位的高低、关系的亲疏、权利与义务的关系等。也就是说，交际者可以通过语用身份的建构对关系好坏的取向和交际目标进行管理（比如选择提升关系、维护关系或忽视关系等）。

结合以上分析，我们可以看出，由于言语行为是身份建构的一种手段，而身份建构是关系管理的一种策略，因此，言语行为、身份建构与和谐关系管理三者之间可建立紧密的互动联系。同时，关系管理理论（Spencer-Oatey，2008；陈新仁，2018）认为，交际者在实施关系管理时对话语的选择可以包括言语行为域、话语域、参与域、语体域、非言语域等；言语行为域是交际者关系管理过程中重要的话语资源之一。因此，本书拟从

言语行为域入手，结合语言形式与内容，考察商家在应对网络负面评论时通过言语行为域所建构的语用身份，以及这些语用身份在关系管理的过程中所承载的语用功能。

6.2　研究内容

随着网络技术的不断发展和推广，网络沟通成为人们日常生活和工作的重要渠道，也是现实生活和工作交际的进一步延伸。因此，对网络互动话语的身份建构与人际关系管理研究显得日益重要。目前国外对网络评论互动的研究如雨后春笋般涌现，但针对汉语的网络评论研究尚不多见，且对网络评论回应中的言语行为考察不够深入，对商家网络形象与身份的建构以及商家与消费者的关系管理策略研究也还有待深入拓展。鉴于网络交际的日益频繁，商家网络形象推广的重要性尤为凸显。而且，随着国家网络治理要求的提出，网络语言语用文明建设也越来越彰显其重要性，因此亟须对网络互动话语中的身份建构及关系管理问题展开深入研究。本书以饭店网络评论互动话语为语料，具体探讨以下四个方面的内容：

第一，饭店商家管理者或店主在对消费者的网络差评进行回应时，一般倾向于使用哪些类型的言语行为，这些言语行为所采用的语言形式具有什么样的特征，不同种类的言语行为各自的使用频率呈现哪些规律？言语行为的使用与特定的语用身份之间呈现较为固定的关系，拥有不同语用身份的人会采用不同的言语行为与别人沟通；同样，不同言语行为的使用也能反映出说话人所选择和建构的语用身份类型。因此，考察商家网络差评回应中言语行为的类型、所采用的语言形式非常有必要，因为它们可以呈现商家在网络中与差评消费者沟通时所采用的言语行为类型。此外，各种言语行为的使用频率也能显示出商家在回应网络差评时所呈现的规律。

第二，商家在对网络差评进行回应时，通过这些言语行为建构了哪些类型的语用（变异）身份？具体来说，我们将通过言语行为的类型及其涉及的语言形式来考察商家建构的语用身份类型。商家在回应网络差评时通过言语行为所建构的语用身份类型是我们考察商家回应策略的一个观测点，也是评判他们使用的身份策略是否适切和礼貌的一个基础，因此我们有必要从分析者视角对商家的语用身份予以剖析。

第三，在网络公开交际语境下，商家通过特定言语行为建构语用身份的动因是什么？商家在回应网络差评时，一定是基于一定的交际语境作出相应的抉择，是为了达成他们想要的交际目标而有意识地采用一定的身份策略。因此，我们将通过商家所建构的语用身份类型及比例分布特征，并结合激烈市场竞争的大背景以及商家努力建构良好网络声誉和形象的必要性，对身份建构的动因展开分析。

第四，在网络公开交际语境下，商家建构的语用身份类型的适切性如何，有哪些值得弘扬或者不值得提倡的语用身份策略？我们将结合受众访谈和研究者视角分析，对商家采用的身份策略进行评价，一方面对一些不适切、不礼貌的身份建构予以批判，另一方面对一些较为适切和礼貌的身份建构予以弘扬，最终为商家网络差评回应的身份话语策略以及网络语言语用文明建设作出应有的贡献。

基于以上考虑，我们将收集网络平台上商家与消费者的互动话语真实语料，以批评语用学视角下的身份建构及关系管理框架为工具，围绕这四个方面的问题和内容展开分析和探讨。

6.3　语料收集来源及方法

本书的评论回应语料选自中国独立第三方消费点评网站——大众点评网。该网站于 2003 年 4 月成立于上海，是中国领先的本地生活信息平台及交易平台，也是全球最早建立的独立第三方消费点评网站之一。大众点评移动客户端通过移动互联网，结合地理位置以及网友的个性化消费需求，为网友随时随地提供餐饮、购物、休闲娱乐及生活服务等领域的商家信息、消费优惠以及发布消费评价的互动平台，已成为人们日常生活的必备工具。该平台几乎所有的信息都来源于大众，服务于大众。每个人都可以在该平台上自由地发表对商家的评论，不管是赞扬还是贬损。每个人都可以自由地向大家分享自己的消费体验和心得，同时分享和借鉴大家集体的智慧。

本书首先从大众点评官网的三个评价等级（好评、中评和差评）中选择"差评"等级，然后搜索差评下商家的回应语料。为了更好地考察和分析商家回应语料，我们也一并收集顾客的差评，作为分析时的语境参考。由于该网站的评论及回复文字不支持直接拷贝的功能，因此我们先对消费者的差评及商家回复进行截图，再用手机图片识别软件"文字提取"App进行文字提取，把文字粘贴进 Word 文档中，去除一些无用的符号或者跟分析内容无关的格式化的文字，降噪后整理待用。同时，对于评论或回复中标点符号使用或断句存在明显问题的，以及网络用户使用了不宜展示的不文明话语的，我们进行了适度处理和调整，但确保不会影响到整体的语料分析结果。为了使语料更具代表性，我们选择了北京、上海、南京、深圳四个城市各 50 家人均消费在 100 元以上的饭店（因为收集语料时考虑到饭店档次稍高的商家可能会更加注重消费者的网络评价，并会安排专人对网络评论进行回复和处理）。这四个城市是中国高度发达的一线城市或沿海发达城市，网络商业相对比较发达，商家的经营理念相对较为先进，可能会更注重自身企业的线上线下形象及与消费者的关系维护。此外，这四个城市人们的消费理念也比较先进，善于使用网络平台去评价、选择消费商家，因此这四个城市的商家和消费者群体均具有一定的前沿性和代表性。考虑到同一家饭店的评论回应人的应对策略可能会比较相似，为了使语料更具代表性，我们只取每家饭店差评回应的第一条语料，结果共收集200 条差评回应语篇语料。为了保护饭店声誉和回应人隐私，我们在后文的语料分析中隐去了部分饭店名称、消费者名字及电话号码，部分电话号码中的数字用叉号"×"来代替，饭店名称或消费者名字用首字母表示。

6.4　言语行为标注及统计方法

言语行为理论的基本主张可以归结为"说话就是做事"（Austin，1962），或者"通过言辞行事"（doing things with words），比如实施许诺、发出警告或威胁、表示请求、表达命令、实施批评等。在一定语境条件下实施类似功能的话语可称为"言语行为"（speech acts）（冉永平，2006）。自该理论被提出以来，多位语言学家和语言哲学家曾尝试对其进行批评、修正、补充和完善，并尝试不同的分类方法。比如，Strawson（1971）批评 Austin 把命名、结婚等言语行为当作语言实现其功能的典型方式，并提出以意图为中心的言语行为理论。Bach 和 Harnish（1979）继承 Strawson 的思想，将施事行为划分为规约行为（conventional illocutionary acts）和交际行为（communicative illocutionary acts）。Cohen 和 Perrault（1979）提出"基于计划的言语行为理论"（a plan based theory of speech acts），将言语行为描述为"计划算子"（planning operator）。

针对施事行为的再分类问题，先后有 Vendler（1972）和 McCawley（1977）等以形式/语法特征为依据的分类，Wunderlich（1976）从语义角度进行的分类，以 Verschueren（1987）和 Wierzbicka（1987）等为代表的学者从语义/语用角度进行的分类；Holmes（1992）从语用功能角度进行的分类，以及 Harnish（1994）等学者兼具语法及语义两方面标准的分类。这些分类虽各有理据，也各有所长，但总的来说似乎很难超越 Austin 和 Searle 的分类模式。近年来，中国本土语用学家向明友教授（2020）针对前人言语行为理论重施事行为、轻取效行为的问题，基于 Halliday 的言语交际观和 Austin 的言语行为理论框架，把施事行为区分为求取式言语行为、主动给予式言语行为和回应性给予式言语行为三种类型并增补了言语取效准则，可以说是一个令人耳目一新的理论突破性尝试。但由于该理论仍处于雏形阶段，言语交际的功能任务、制约交际的语境变量及言语配置机制等要素的详细阐释尚未公开发表，因此本书拟重回经典，采用 Searle（1979）的言语行为分类方法。Searle（1979）在 Austin 提出的言语行为理论基础上，提出了以言行事的行为类型，认为言语行为主要可以分为五大类。第一类是表述类言语行为（representatives），表示某一话语命题内容的真实性，可用"真""假"来判断，比如陈述、断言、描述等都属于此类行为。第二类是承诺类言语行为（commissives），指说话人承担某种义务去做某事，比如许诺、威胁、发誓、保证等。第三类是指令类言语行为（directives），指说话人通过某一话语指使听话人去做某事，比如命令、请求、乞求、挑逗等。第四类是宣告类言语行为（declarations），指说话人通过某一话语进行某种宣告，比如宣誓、命名、任命、提名、宣判、辞职等。第五类是表情（达）类言语行为（expressives），指说话人通过某一话语表达某种心理状态或态度，比如问候、祝贺、感谢、道歉等。本书对言语行为的各种类型用括号加文字的方式进行标注［比如（道歉）］，随后人工统计各种类型的言语行为总的数量及所占比例。需要说明的是，一句话内多个同类言语行为的重复，被记为一次，比如例（1）中的第二句承诺言语行为。语料标注的例子示例如下：

例（1）：

1. 真是非常抱歉，让您不管在服务上还是口味上都觉得这么失望、生气，都是我们的错，是我们管理不到位。（道歉）2. 叫号机的声音我们也会适当调小的，对于服务员的管理与培训我们也会加强的，杜绝此类事件发生。（承诺）3. 也是希望您能给我们一次改过的机会，让我们能有所进步。（请求）4. 这是 SS 的手机号：150×××××××，以后在就餐过程中有任何问题都可以随时联系我。（承诺）5. 真诚期待您的下次光临！（邀请）

在语料分析的过程中我们发现，有的商家在撰写回应时喜欢一直用逗号，应该用句号的地方都没有用句号，导致好几句话都是用逗号间隔，明显不太合适。对于这种情况，笔者在反复阅读几遍的基础上，根据句意完整性与言语行为的类型相结合的方法，对其进行适当的分句处理，然后根据实际情况对其中包含的言语行为进行了区分和标注。我们看下面的一个例子：

例（2）：

首先欢迎您光临小店用餐，同时感到非常抱歉，是小 X 的错让您失望了，有了这样不愉快的用餐体验，也是小 X 的失职，没有给小伙伴们培训到位，实在对不起，还请您消消气，您反映的问题小店非常重视，已经反馈给运营总监，定会做出严厉的整改方案，小店定会加强培训，提高服务人员的服务技能和服务意识，坚决不允许类似现象再次出现！真心向您说声对不起，还望客官能给小店一次改进的机会，这是小店负责人电话：136×××××××，还望能与您取得联系亲自向您道歉，欢迎您随时致电，定会给您一个满意的答复，再次向您说声抱歉，祝您生活愉快，事事顺心。

为了对语料进行更好的分析，笔者根据语句及意义的相对完整性、独立性与言语行为类型相结合的方法，针对语料"一逗到底"的现象，对其标点符号进行了加工处理，新的版本及言语行为的标注情况如下：

例（3）：

首先欢迎您光临小店用餐（欢迎），同时感到非常抱歉，是小 X 的错让您失望了。（道歉）有了这样不愉快的用餐体验，也是小 X 的失职，没有给小伙伴们培训到位，实在对不起，还请您消消气。（道歉）您反映的问题小店非常重视，已经反馈给运营总监，定会做出严厉的整改方案！（承诺）小店定会加强培训，提高服务人员的服务技能和服务意识，坚决不允许类似现象再次出现！（承诺）真心向您说声对不起，还望客官能给小店一次改进的机会。（道歉）这是小店负责人电话：136×××××××，还望能与您取得联系亲自向您道歉，欢迎您随时致电，定会给您一个满意的答复。（承诺）再次向您说声抱歉。（道歉）祝您生活愉快，事事顺心。（祝愿）

另外再看一个例子，也是类似的情况。原版如下：

例（4）：

尊敬的朋友，感谢您的惠顾，也非常感谢您对我们工作的提醒，很遗憾因为我们的服务疏漏影响了您的用餐体验，内心深感不安，这里我代表 LCS 服务团队向您诚恳地深致歉意，您反馈的问题我们正在内部排查中，如您方便建议加下我的工作微信：wang×××××，以向您了解详情，谢谢！

经过标点的加工处理及言语行为标注后的新版本语料如下：

例（5）：

尊敬的朋友，感谢您的惠顾，也非常感谢您对我们工作的提醒。（致谢）很遗憾因为我们的服务疏漏影响了您的用餐体验，内心深感不安，这里我代表 LCS 服务团队向您诚恳地深致歉意！（道歉）您反馈的问题我们

正在内部排查中。（陈述）如您方便建议加下我的工作微信：wang×××
××，以向您了解详情。（请求）谢谢！（致谢）

此外，由于一句话可能会同时出现几个不同类型的言语行为，我们要
看句子的主要交际意图，以此判定言语行为的种类。当一句话中出现并列
的几个同类言语行为时，为方便起见，我们统一只计为一次。比如下面这
个例子中，三个分句都是承诺，但因为彼此相互支撑，共同构成一个完整
的句子，我们仅将它记作一个承诺言语行为。

例（6）：
叫号机的声音我们也会适当调小的，对于服务员的管理与培训我们也
会加强的，杜绝此类事件发生。（承诺）

最后，我们对所有语料中的言语行为个数进行统计，考察各种言语行
为使用所呈现的分布规律。

6.5　身份建构类型的分类方法

6.5.1　身份、形象与角色

身份（identity）是关于一个或一群人究竟是谁的问题，它既可以是人
的客观属性，也可以是主观认为的形象。类似的概念还有自我、主体、人
格等，其各自的意义略有不同（袁周敏，2011）。事实上，身份的概念最
初是属于哲学范畴（张海洋，2006），经过几十年的发展，身份的概念已
经逐步渗入其他学科，成为社会学、社会心理学、文化学和文学批评等领
域的重要研究话题（袁周敏，2008）。研究者主要在哲学思想的理论基础
上，分别从本质主义、建构主义或相对主义等不同视角切入，探讨了人与
自我、人与自然以及人与社会的关系，揭示了人的精神属性、自然属性和
社会属性。

与身份相近的概念有很多，其中最为接近的是形象（image）和角色
（role）。形象是指交际者具备的知识、能力、态度、情感等方面的特征，与

Tracy（2002）所提出的个人身份（personal identity）的概念比较接近。人们可以评价一个人有没有文化、知识丰富不丰富、能力强不强、对人态度是真诚还是伪善、情感丰富不丰富等。比如，有些学生家长知识丰富，水平很高，重视子女教育，对孩子的要求非常严格，但又注意严慈相济，这些都是家长形象的体现。但近年来，有些学者认为，说话人在一定交际情境下通过话语建构的特定形象也可以看作一种身份。比如，Ho（2000）分析了国外某高校领导写给教师们的电子邮件，发现他们在邮件中体现出礼貌、体贴、负责任、理性等方面的不同形象，认为这是领导为了达到更好的交际效果而建构的不同类型的个人身份。同样，任育新（2012）研究了博士学位论文开题报告会上答辩专家与博士生的互动语料，发现参与博士学位论文开题报告会的专家使用了大量的建议言语行为，并且采用这些言语行为建构了两大类身份：默认的专家身份和变异性（或偏离性）身份。在建构默认的专家身份时，往往还会凸显专家某些方面的特质或形象，如知识渊博型专家身份、权威型专家身份、谦逊型专家身份以及亲和型专家身份。此外，王雪玉（2013）分析了报纸平面广告话语中广告主建构的自我形象，发现广告主建构了两大类的形象——理性形象和感性形象，理性形象又可以区分为客观可靠型、自信肯定型和专业内行型等，感性形象则包括尊重受众型、亲近受众型、负责型等，这些形象也可以看作广告主为了实现更好的交际目标而建构的不同身份。陈新仁（2018）认为，形象与身份一样，都是可以通过话语来进行建构的。由于交际者在交际过程中可以对某些特定的身份进行一定的修饰或调整，从而使得某些方面的特征得以凸显，达到某些特定的交际效果，所以这些形象的建构也可以看作一种身份策略。

与身份相近的另外一个概念是角色。角色是指人们在特定交际活动中所代表的人物类型，往往与其在相关活动中所承担的任务或分工有关。比如，一场辩论赛会牵涉到主持人角色、评委嘉宾角色、正方角色、反方角色、观众角色等，这些活动中的特定角色与话语发生关联，也可以纳入语用身份的研究范围中。话语中的角色也可以看作语用身份的一种表现。也就是说，语用学主要关注的是交际者通过话语所呈现、凸显或建构的角色，而不是简单地关注交际者在社会或某项活动中所承担的责任或分工。

此外，角色还可以与会话分工相关，我们可以将其称为话语角色

（discourse roles）或会话角色（conversational roles），指的是交际者在当前交际中所担任的角色。比如，某些活动中，可能会涉及发话人、听话人、旁观者、插话人、提问者、回应者等。Verschueren（1999）曾对阐释者或解读者（interpreter）进行较为细致的区分，如图 6 – 1 所示：

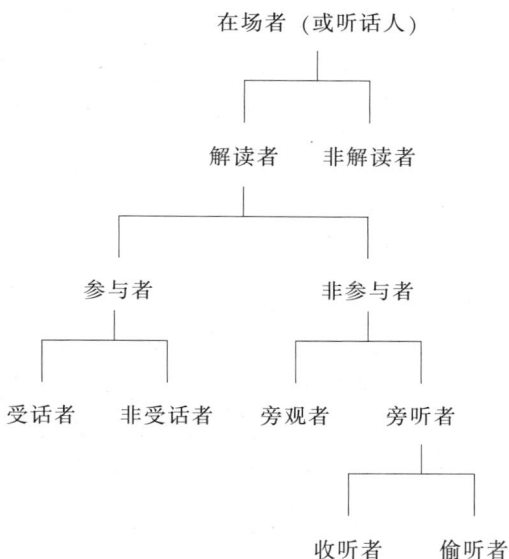

图 6 – 1　**解读者的角色**（基于 Verschueren，1999）

由图 6 – 1 可见，话语角色可以涉及交际者在会话活动中的角色安排，也可以视为身份并加以考察，但这个类型的角色不是本书主要关注的方面，在此我们不再赘述。

6.5.2　语用身份的分类

陈新仁（2018）认为，语用身份具有交际依赖性、动态选择性、话语建构性及交际资源性等特点。首先，只有当言语交际在某个特定的交际情境下发生，说话人发出一定话语并且听话人开始解读话语时，语用身份才会随即产生，才会涉及语用身份的选择与建构；而一旦交际结束了，语用身份的建构也就停止了。本书所考察的商家的语用身份建构也具有交际的依赖性，它是在商家与消费者进行互动时才建构起来的。

其次，交际者要选择或建构什么样的身份，始终是交际者基于当前的交际情境、交际对象、交际事件及交际目标等因素，综合考虑后作出的抉择。这种选择可以是交际者根据当前的交际事件、交际情境、交际对象等对默认语用身份的选择，也可以体现为对特定非默认身份的选择，甚至可以体现在交际者选择、建构一个未必与其社会身份相符的语用身份。而且，随着交际的不断推进，交际者可能还会根据交际情境或交际对象等因素的变化而随时变换、调整语用身份的建构。例如，出于交际需要，一个人可能一会儿以其职业或职位身份讲话，一会儿又以其朋友身份讲话，还可能以专家或同伴身份讲话，目的是达到更好的交际效果，或者更好地达成想要的交际目标。因此，语用身份的选择具有动态性和可变性。同时，交际者的语用身份选择并非完全是由说话人或听话人任何一方单独确定的，而是需要交际双方进行磋商；磋商的结果可能是达成一致，也可能会发生分歧，从而被迫调整等。因此，语用身份是一个动态的建构过程，还具有交互磋商性。商家与消费者进行网络回应互动时，他们的身份建构也是一个动态可变的过程，为了达到不同的交际效果，他们会动态地建构不同的语用身份。当然，说话人也可能在交际中由于语用能力的欠缺或为了特殊的交际目标而出现语用身份选择错位的情况，这就可能会引发语用失误，或者交际冲突。比如，如果商家建构的某些身份在消费者看来是不适切或者不礼貌的，那就可能会发生交际双方的隐性冲突。虽然由于网络的限制，不会发生正面冲突，但这无疑会破坏双方的和谐关系，同时也有损商家的网络声誉和形象，从而对其后期的商业经营带来负面影响。

最后，交际者无论在言语交际过程中选择什么语用身份，最终都会落实到话语层面上（有时会涉及非语言模态的配合建构）。身份一旦成为社会交往的一部分，依附于身份的各种资源便能够为身份的拥有者带来价值增值，或者在特定语境中，某种语用身份有助于交际者更好地达成交际目标。因此，语用身份的这种特性可以称为身份的交际资源性。

陈新仁（2018）认为，语用身份是一个语用学概念，它是指特定语境下语言使用者有意或无意地通过话语来选择或建构的自我身份或他人身份。这个概念与交际者在进入交际前所具有的社会身份不同，重在突出相关身份动态变化的交际属性以及相关研究的语用属性。语用身份是通过话语或非语言模态共同呈现或建构的，是特定的社会身份在一定交际语境中的实际体现或运用。

从语用学的概念可以看出，语用身份与社会学意义上的身份存在多种不同的联系。首先，说话人使用的语用身份来源于其社会身份，可以是从社会身份中选择出来的一种或多种身份。其次，说话人发出当前话语所使用的语用身份有时候可能并非说话人原本所具有的身份，而可能是临时建构的一种社会身份。最后，语用身份的概念与话语身份、交际身份或交互身份等概念之间又存在一定的差别。话语身份主要是指发话人、受话人、非直接参与者、其他听话人等话语角色（如 Zimmerman，1998），而非指交际者根据语境选择或建构的具有社会或心理属性的身份类型（如 Brewer 和 Gardner 提及的个人身份、人际身份和群体身份，或 Tracy 提出的主体身份、交互身份、个人身份、关系身份）。交际身份的概念则比较宽泛，不仅包括语言交往，还包括非语言交往。交互身份则往往指在动态性交际中说话人相对于听话人选择的即时身份或角色，但不指独白性交际（如户外平面广告、公示语等）中的身份，也不能涵盖个人身份、关系身份或者前面所提及的话语身份。

总之，语用身份与当前交际语境下发出的特定交际话语以及交际者的意图存在着密不可分的关系。从类型上看，既可以是交际者根据当前语境和交际目标而选择或建构的身份（包括交互身份、主体身份、个人身份、关系身份），也可以是交际者的特定话语角色或话语身份。与社会身份相比，语用身份具有交际依赖性、动态选择性、交际资源性和话语建构性等交际属性（陈新仁，2013a）。根据以上的定义，语用身份具有三种情形：第一种是交际者发出或理解特定话语时所采取的身份，这种语用身份主要是基于传统的静态身份观中对立场或角色的理解；第二种是交际者发出特定话语时给自己或听话人建构的身份，这种语用身份主要是基于传统静态身份研究中对形象、自我特征或叙事性身份的理解；第三种是交际者发出特定话语时所提及、利用的第三方身份。前两种身份也可以称为互动身份（interactive identity），也就是"我在此时此地讲话时我是谁"；第三种身份是语用身份的一种特别情形，也就是"此时此地话语中该人是谁"。试看下面的一组例子：

例（7）：

a. 谢谢你。

b. 张经理和我向你表示衷心的感谢。

c. 我代表张经理向你表示衷心的感谢。

d. 张经理向你表示衷心的感谢。

这几个例子中，说话人选择使用了不同的身份实施感谢行为。第一句中，说话人使用自己的身份去表达感谢，可能是对方的同事，也可能是对方的上司。在第二句中，说话人同时选择了张经理和自己两个人的身份来致谢，表示感谢来自两个人，而不仅仅是说话人自己。在第三句中，说话人以张经理的身份来致谢，当前的感谢不是代表说话人本人发出的，而是传达了张经理的感谢之情，可能是为了让致谢听起来分量更重，也可能是其他原因。在第四句中，说话人采用了更加直接的转述方式代表张经理向听话人致谢。

陈新仁（2018）认为，语用身份的分类可以采用不同的路径和方法。比如，可以将语用身份区分为话语身份和非话语身份。对于非话语身份，可以借鉴 Brewer 和 Gardner（1996）、Tracy（2002）以及 Simon（2004）关于身份的分类，将说话人在其话语中呈现或凸显的身份分为个人身份（如性别、年龄、职业、职位、个性特征等）、关系身份（如同事、同行、朋友、老乡、战友、仇人等）和情境身份（特定活动角色，如点评专家、嘉宾、组织者等）。这些身份可能是交际者本来就具有的，也可能是临时建构的。如下面一组例子：

例（8）：

a. 我个人觉得你的方案很好，也非常支持你。

b. 你的方案很好，虽然公司实际执行起来可能会有些困难，但我会支持你的。

c. 我们做领导的应该多了解了解群众的想法。

d. 大家都是同事，我会支持你的。

在第一句中，说话人选择了个人身份中的个体身份而非个人身份中的管理者身份讲话，言下之意可能是直接表达自己的想法，或者暗示从管理者或者其他领导的角度来看，也许不会太支持对方提出的方案。在第二句中，说话人使用了公司管理者的个人身份说话。在第三句中，说话人抛开了自己的个人身份，同样使用管理者的身份说话，同时也将对方的身份定位为管理者，可能是为了提醒对方站在管理者的角度去思考问题或制订方案，多考虑群众的感受。而在第四句中，说话人则选择了同事的身份表达了对对方的支持。说话人选择和使用自己的不同身份，会产生不同的语用效果。

有学者认为，交际者在特定情境下通过话语建构的形象也是一种身份。比如 Ho（2010）分析了学校领导给员工的电邮语料，发现邮件作者建构了负责任、理性、有礼貌等形象。任育新（2013）认为，在机构性互动交际中，交际者总是以一定的身份进行交际，这种身份看似是默认不变的。这种默认身份（Richards，2006）是机构性交际的主要特征之一（Thornborrow，2002），如教师和学生、医生和患者、商家和消费者等。任育新（2012）认为学术语境下专家实施建议言语行为时倾向于建构两大类身份：默认的专家身份和变异性（或偏离性）身份，并对其中默认的专家身份加以修饰，凸显某种特质或形象，如知识渊博型专家身份、权威型专家身份、谦逊型专家身份等类型。本书借鉴 Ho（2010）及任育新（2013）的观点，将商家在回应消费者的批评或抱怨时在话语中所凸显的某些特质或形象统称为语用身份。在网络评论与回复的互动中，商家身份是默认身份，但默认的商家身份在动态交际中会根据特定语境和交际目标加以调整，从而使其某些层面的特质更加凸显，以满足当前交际意图，顺利达成交际目标。

陈新仁（2013）指出，身份建构的可变性在于交际者的社会身份具有多重性，亦即交际者会在特定的交际语境下根据自己的交际需要，从多重身份中选出能实现交际目标的不同身份，而这种身份的选择具体表现在对话语的选择方面。交际者既有交际前设定的、稳定的社会身份，也有在交际过程中不断建构的、变化的身份（de Fina et al.，2006）。陈新仁将具体语境下动态变化的身份定义为语用身份，并指出语用身份是交际者某个"特定的社会身份在语言交际语境中的具体体现，是其社会身份语境化、语用化的产物"。言语行为是语用身份建构的话语实践类型之一，交际者可以通过言语行为的选择来提示自己或对方的身份，比如批评、表扬、建议、宣告等言语行为（陈新仁，2013）。本书将结合网络公开评论中商家与消费者的互动交际语境，采用和谐关系管理的分析框架，分析差评回应话语中使用的言语行为的种类、内容及语言形式，进而归纳商家建构的身份类型。

6.6　商家身份建构的动因

为了更深入地探究商家身份建构的动因，我们随机抽取了其中的 12 家饭店进行访谈，但其中 3 家不愿意合作，因此只访谈了剩余的 9 家饭店。我们采取电话的形式进行访谈，录音转写成文字语料保存在 Word 文档中，留待分析。访谈的问题包括："面对消费者的差评，你们主要采取何种态度进行回应？如何回应？为什么？"边访谈边做笔记，然后整理访谈语料待用。随后，根据访谈语料分析商家使用相应言语行为建构某些特定身份的内在动因。此外，我们还结合前人文献中所提及的商家网络竞争的大背景，从研究者视角对商家建构的身份类型及分布规律情况进行阐释。

6.7　商家身份建构的批评语用分析

为了考察商家建构的语用身份的适切性，我们将相关语料做成访谈材料，采访了十位潜在消费者，从潜在消费者的角度去判断商家身份建构的适切性。具体的问题包括："您面对商家这样的回复有何感受？为什么会有这种感受？"也是采用边访谈边记录的方式，随后整理完善备用。在这些访谈语料的基础上，我们再分析商家语用身份建构的适切性，并进行批判性分析。随后，我们采用前文建构的批评语用学视角下的身份建构与和谐关系管理框架，对商家网络差评回应话语中的身份建构进行批判性分析，对不礼貌的身份建构策略进行批判，对礼貌或适切的语用身份建构予以弘扬，为商家网络差评回应的实践提供语言学方面的参考，同时为网络语言语用文明建设作出应有贡献。

6.8　本章小结

本章首先简要回顾了前人关于网络身份建构的相关研究基础，然后介绍了本书的研究对象及研究内容，并详细阐述开展研究的语料来源、收集方法和分析方法，为后续分析和阐释做好充分准备。

第 7 章

商家网络评论回应的言语行为

7.1　商家网络差评回应话语相关研究

随着网络技术的快速普及，网络评论已成为人们日常消费的重要参考信息，也是商家与消费者保持沟通的一种重要渠道，这种新兴的网络交际方式也引起了国内外众多学者的关注。从以上文献回顾可以看出，目前网络评论的研究领域主要涉及影视网络评论（如唐宏峰，2011；杨晨，2013；张瑶，2018 等）及社交媒体网络评论（如 Ho，2014；Ho，2017；Ren，2018；Feng & Ren，2019；金梅、袁周敏，2020 等）。影视网络评论的相关研究指出了网络评论话语中所涉及的意识形态、语言语用问题等，也进一步提出了网络评论话语研究的重要性和迫切性。早期的社交媒体网络评论研究主要涉及网络评论对商家和消费者的影响，或考察网络评论的策略问题或礼貌问题。后期的研究逐步开始关注商家对消费者负面网络评论的回应，大多数学者主要侧重从话语修辞角度来研究话步和涉及的相关策略（Cenni & Goethals，2017）。

商家在消费者进行网络公开抱怨而面临形象和声誉受损的危机语境下，选择何种话语策略和言语行为进行有效应对和回应是一个非常值得探讨的问题。由于当今社会已是网络高度发达的社会，消费者越来越依赖网络评价，将其作为消费的选择和参考，网络商家势必需要非常注重网络公开语境下与消费者的关系维护，如果处理不当，将会给商家的声誉带来较大损害（Ho，2017a）。因此，网络商家在公开空间回应网络评论时将会面临较大挑战：他们一方面要抚平不满顾客的情绪，尽力修补双方关系（Chan & Guillet，2011），另一方面要尽力维护商家的良好形象，从而尽可能获得其他潜在顾客的认可。由于一些口碑较好的旅行网站（如 booking、tripadvisor 等）上的酒店预订广受大众欢迎，消费者自发的评论语料也非常丰富，目前大部分关于网络评论的研究都集中在旅游行业，而且主要研究了英语类网络评论，采取的主要是旅游管理视角（如 Xie et al.，2014；Kamoen et al.，2015），很少有研究考察其他领域、除英语以外的其他语言在应对消费者网络评论回应时所采用的语用策略及和谐关系管理问题。对网络评论的语言学研究主要集中在分析回应语篇的组成部分、结构特征或者话步等（Vásquez，2011；Cenni & Goethals，2017）。Levy 等（2013）研究了 86 家宾馆的 1 946 条差评以及 225 条管理者回应，发现评价较高的宾馆在对网络抱怨进行回应时主要采用了感激、道歉和对服务不周的问题进行解释等策略。部分研究考察了网络评论中包含的内容，并提出一系列的话步类别，如纠正话步、道歉话步、感激话步、阐释话步、说明话步、行为话步等（Davidow，2003；Levy et al.，2013）。有部分学者进一步深入研究了评论回应话语的交际目标，认为道歉、解释、感激等话步可以对双方关系及商家形象进行有效修复（Levy et al.，2013）。还有部分学者主要聚焦于分析商家网络负面评论回应中的道歉言语行为，采用关系管理框架阐释了道歉话步及其他伴随话步的策略，并比较了不同语言文化背景的回应者采用的话语策略的异同（Morrow & Yamanouchi，2020；Qian，2020）。Ho（2017b）在另外一项对北京五星级宾馆的英文回应语篇的研究中发现，网络回应中总是包含明确或不明确地否认问题存在的话步及和谐关系管理的话步。有些宾馆的管理人员对不公正的负面评价进行回应时，采取了否认的态度，并试图从管理交际目标、社会权利及面子需求三个方面进行和谐关系的管理（Spencer-Oatey，2008）。Park 和 Allen（2013）发现，网络负面评论主要是消费者对商家的产品质量、产品丰富度、服务水平等方面存在不满而实施的抱怨或批评，如果处理不当，将会对商家的形象和声誉产生极大的负面影响（Ho，2017a）。因此，企业管理人员或商家会竭尽全力去提高自己的客户在网络上的评价等级；而当遇到有损商家形象的负面评价时，商家也会采取有效的话语策略去应对，从而尽力消除负面评论给自己带来的不良影响（Looker et al.，2007；O'Connor，2010；Litvin & Hoffman，2012）。

总的来说，这些研究已经发现了网络差评回应话语中的特殊话步及人际语用功能，但相关研究成果还不够丰富，研究方法、理论视角等方面均存在较大的拓展空间，也未能有效挖掘言语行为建构的语用身份对商家维护和修复与消费者的关系及维护商家形象的人际语用机制。

鉴于以上原因，本书拟采用国内汉语网络评论语料，分析商家回应话语中所使用的言语行为情况，以及这些言语行为所建构的商家身份，并基于批评语用学视角下的和谐关系管理分析框架，考察这些商家身份建构的适切性，在批判不礼貌语言语用方式的基础上，倡导礼貌的网络语言语用方式。

7.2　商家网络差评回应话语中的言语行为类型

随着现代技术的日新月异和服务行业理念的发展，越来越多的餐饮、住宿及休闲娱乐服务行业都能在网络上给消费者或潜在消费者提供参考信息，或与消费者进行网络互动。尤其是一些第三方评论网站或 App 如雨后春笋般涌入人们的视野，给人们的出行旅游或外出聚餐提供了更多的选择、比较及互动交流的机会（Mudambi & Schuff，2010；Archak et al.，2011；Gao et al.，2018）。这些旅游、住宿、餐饮或休闲娱乐的网站及 App 能同时满足商家及消费者的双向需求，一方面，它们可以为消费者提供一个真实而自由地评价所购买商品或服务品质好坏的机会和平台，同时也能给其他的潜在消费者提供参考（O'Connor，2010；Xiang & Gretzel，2010）。另一方面，它们也可以给商家提供一个了解消费者对商家所提供服务或商品看法的渠道，必要的时候给予针对性回应，或进一步提高商品或服务的品质。当遇到负面评价时，商家也会采用一定的话语策略去修复与消费者的关系并维护自己的声誉（Looker et al.，2007；O'Connor，2010；Litvin & Hoffman，2012）。

网络负面评论是消费者对商家的产品质量、丰富度、服务水平等方面的抱怨或批评（Park & Allen，2013）。近年来，已有多项研究表明，消费者自发产生的网络评论对产品或服务的销售会产生很大的影响（如 Chevalier & Mayzlin，2006；Anderson & Magruder，2012）。Nakayama 和 Wan（2018）发现，至少有1/3 的消费者在选择餐厅就餐前会依赖消费者的网络评价来作决定，50% 以上的 18～34 岁的消费者会将网络评论的内容作为自己选择的重要参考。因此，餐厅老板或管理人员会竭尽全力去提高自己的顾客在网络上的评价等级，同时也会尽可能采取一些有效的话语策略或手段去应对顾客的负面网络评价，从而尽力消除负面评论给餐厅带来的不良影响，尽可能给浏览网络评论的潜在顾客留下较好的印象。

尽管这种网络评论非常重要，但到目前为止，该领域的研究还是不够丰富和充分（Leung et al.，2013）。部分研究考察了网络评论中包含的内容成分或话步，并提出一系列的话步类别，比如纠正话步、道歉话步、感激话步、阐释话步、说明话步、行为话步等（Davidow，2003；Levy et al.，2013）。还有一些学者主要关注了网络评论回应的交际目标，认为商家形象与服务可以通过道歉、解释、感激等话步进行恢复（Levy et al.，2013）。Morrow 和 Yamanouchi（2020）则主要聚焦于分析商家网络负面评论回应中的道歉言语行为，采用关系管理框架阐释了道歉话步及其他伴随话步的策略，并指出了英语和日语文化与策略的区别。Qian（2020）借鉴了他们的分析框架，考察了饭店商家网络差评回应中的话步情况，并呈现了汉语差评回应策略的文化特点。

根据前面章节所阐述的语料分析方法，我们将收集到的商家负面评论的回应语料，按照 Searle（1979）的言语行为分类方法进行分类并标注，然后统计各种言语行为的使用频率情况。

Brown 和 Levinson（1987）认为面子是每个社会成员想为自己争取的公开的自我形象。消费者在网络上对商家进行的差评主要是指责、抱怨、批评等言语行为，对商家的面子构成了威胁，对商家的形象也产生了负面的影响。在商家与消费者这种公开的网络互动语境下，商家会倾向于使用何种言语行为策略和身份策略进行回应？其内在动因又是什么呢？

关于言语行为的判断，有学者倾向于选择相对宏观的视角，以核心言语行为为基础，扩展到整个话语序列，将这个核心言语行为放在相对宏观的语境中加以考察，可以更广泛地考察相关言语行为的话语序列特征。比如任育新（2013）在分析学术性机构互动时，将建议言语行为置于宏观的语境中，考察了宏观的建议序列特征。还有学者倾向于将商家网络差评回应语篇看作由一系列话步构成的以道歉话步为主的语篇（如 Ho，2017；Morrow & Yamanouchi，2020；Qian，2020 等）。但由于这种宏观的考察方式可能会将几种不同的言语行为混淆在一起，显得含混不清，因此本书倾向于将各种言语行为视为独立的单位，更清晰地考察各种言语行为在商家网络差评回应话语中的特征。

根据语料分析，我们发现商家主要倾向于采用致谢、道歉、承诺、请求、陈述、解释、祝愿、邀请、建议等言语行为，其内容主要是商家对消费者的不满意体验进行道歉、感谢消费者惠顾或给予评论、承诺解决问题、提高服务水平和质量、请求对方原谅或给改进的机会、陈述经营理念、解释原因、祝愿顾客顺利愉快、邀请顾客再次惠顾、对消费者点菜或吃菜的方式给予建议等。下面我们将言语行为分为不同类型，结合其语言形式及内容进行分析。

7.2.1　致谢言语行为

致谢是人们日常交际中极其重要的礼貌言语行为，具有非常重要的人际功能。致谢言语行为引起了诸多研究者的关注，也成为多个学科的研究焦点，成果较为丰硕（张爱玲，2017）。Coulmas（1981）认为，致谢可以分为感激型致谢和非感激型致谢两种，致谢者在实施致谢行为时，会根据受惠程度和感激程度而选择不同的致谢策略。比如，在受赠、受助等场合，致谢者的受惠程度高，内心感激程度也会相对较高；而在受到问候、祝贺、赞扬等场合，致谢者的受惠程度相对较低，内心的感激程度也会相对较低，这时的致谢多是出于礼貌的礼节性行为，主要是为了彰显致谢方懂礼貌、有教养、有素质，同时也是维系良好人际关系的必要行为。但到目前为止，鲜有研究关注受批评时致谢言语行为的语言形式、使用特征及关系功能，因此需要进一步深入考察。Aijmer（1996）认为，致谢可以分为显性致谢和隐性致谢两种。其中显性致谢是指使用表示感谢的施为动词实现的言内行为，如汉语中用"谢谢""多谢""感谢"等实施的致谢；隐性致谢则是指使用其他词语或语句来间接表示感谢的行为，如汉语中用"愧领了""有心了""多承""承蒙"等实施的致谢。

语料分析显示，商家在应对网络负面评论中的批评或抱怨时，大多数情况下会首先采用致谢言语行为进行回应，在解释完原因之后，最后结束时还会再次致谢。涉及的语言形式主要包括直接致谢言语行为常用的标志性词汇表达，如"谢谢""感谢""非常感谢"等，以及"感谢您……""非常感谢您……"等句式，致谢的内容包括顾客的惠顾、顾客的批评、顾客的评价等。如例（1）：

例（1）：
a. 谢谢您的光临！
b. 感谢您在百忙之中抽出时间给我们评价！
c. 感谢您的指正！
d. 感谢您抽空用心地给我们评价哦！

e. 非常感谢您给我们提出宝贵意见！

f. 亲爱的顾客，首先非常感谢您来到 HNS 享用美味。

g. 非常感谢您百忙之中抽出宝贵的时间给我们用心的反馈，并配上精美的照片。

h. 再次感谢您的光临！

i. 再次感谢！

如例（1）所示，商家在应对顾客的不满评价时，首先会倾向于对顾客的光临惠顾、花时间作出评价或者提出宝贵的意见表示感谢，体现了商家谦虚礼貌的风度，这样一方面有助于缓和双方的紧张关系，另一方面可以在其他旁观者眼中建立礼貌、理性、得体的商家形象。此外，我们注意到，商家在致谢言语行为中对顾客大多采用了尊称"您"，体现了对顾客的尊敬与尊重；偶尔还会用"亲""亲爱的""亲爱的顾客"这样比较亲昵的称呼语，从而拉近与消费者的心理距离。除此之外，句尾有时还会采用"哦"等之类的语气词，给人比较亲近的感觉，也有助于拉近与消费者之间的心理距离。在回应结束之前，很多商家会重复致谢，如"再次感谢""再次感谢您的光临"等。这种重复致谢的现象是一种文化现象，在英语和日语的商家网络回应话语中也频繁出现（Morrow & Yamanouchi, 2020），但日语的重复致谢频率更高，汉语则居于两者之间（Qian, 2020）。

7.2.2 道歉言语行为

道歉行为是一种表达类（expressive）言语行为，很多学者从不同视角对它展开研究（Fraser, 1981；Blum-Kulka & Olshtain, 1984；Olshtain, 1989）。Holmes（1989, 1990）主要从道歉的社会功能视角出发，认为道歉是说话人针对听话人的面子需求为自己犯下的过错承担责任，从而恢复说话人和听话人之间的（社会）平衡的言语行为。Fraser（1981）认为，道歉策略可以分为九个种类，具体包括：直接声明自己正在实施道歉行为；坦白自己有进行道歉的义务；表达自己道歉的主观意愿；请求对方接受道歉；对自己的过失或过错表示遗憾；请求对方原谅自己的过失；表示愿意为自己的过失承担责任；承诺自己将避免类似的过失行为；表达补偿对方的意愿。由此可见，前人倾向于将与道歉标记语相关联的句子或语篇看作一个道歉言语行为的整体，包括解释原因、请求原谅、承担责任等。也就是说，这种宽泛的定义方式的优点在于能够相对全面地考察道歉言语行为实施的策略全貌，但不足之处是其内部已经包含了诸如请求、承诺、解释等其他种类的言语行为，容易产生相互交叠、含混不清的问题。为了更好地体现网络回应话语中商家所采用的各种言语行为所呈现的特征及各自的使用频率情况，本书将符合各种言语行为特征的言语行为视为一个独立的个体，避免产生彼此相互交叠、含混不清的问题。

　　语料分析显示，商家在网络负面评论的回应话语中采用了较多的道歉言语行为。道歉言语行为主要采用了常用的道歉类标记性语言表达形式，如"抱歉""遗憾""不好意思"等，此外还会采用程度副词"很""非常""实在""十分""深感"等对其进行修饰，以增加歉意的程度，如"很抱歉""非常抱歉""感到抱歉""很抱歉……""很遗憾……"等。Ol-shtain（1989）认为，道歉者还可以通过调节策略来增加或减轻道歉的力度。是否实施道歉行为，采取何种道歉策略，是否增加或减轻道歉力度，这些既取决于道歉者所处的社会文化背景，也取决于当时当地的具体情境（Blum-Kulka，House & Kasper，1989；黄永红，2001）。如例（2）：

例（2）：

a. 很抱歉没能给您提供一个好的用餐体验。

b. 首先非常抱歉给您带来不愉快的用餐体验。

c. 不合您口味我们感到抱歉哦！

d. 很抱歉未能让您有一个满意的体验。

e. 很遗憾此次用餐未能让您满意，对此我们深感抱歉。

　　从例（2）中可以看出，道歉主要有"很抱歉（遗憾）没能给您……""非常抱歉（遗憾）给您带来……"或者"……感到抱歉""……我们深感抱歉"等比较直接的道歉句式，表达了比较真诚和诚恳的道歉态度。此外，有些道歉句式结尾还增加了"哦"等语气词，给人一种比较亲昵和有亲和力的感觉。从道歉的内容来看，主要涉及顾客不愉快或不满意的用餐体验，强调顾客的主观感受；或者菜品不符合顾客的口味，也是强调了顾客的主观感觉和个人口味偏好。也就是说，商家在网络公开语境下回应顾客的差评时，态度比较诚恳，勇于直接道歉，但是在道歉的措辞方面，应尽量避免直接提及菜品口味不佳或服务不好，而应侧重描述顾客的主观感受，这样做一方面可以消除不满意顾客的敌意或不良情绪，另一方面可以避免让旁观者对饭店菜品或服务产生不良印象。

7.2.3　承诺或保证言语行为

董秀芳（2010）认为，汉语承诺言语行为动词包括"答应""保证""发誓""承诺"等，且这几种表达承诺的力度各不相同，即答应＜保证／承诺＜发誓，承诺的力度从左到右依次增强。使用"答应"时，说话人一般是为了回应听话人的要求而作出承诺，具有消除听话人可能存在的某种疑虑的主观意图；使用"保证"时，说话人比较强烈地希望能够消除听话人可能存在的疑虑；"承诺"是书面用语，一般不用于私人之间的承诺，而是较多地用于官方承诺，而且作出的承诺是相对比较严肃的，具有较强的约束力，因此承诺的力度也比较大；"发誓"则是说话人预设听话人对承诺的内容存在较大的疑虑，因此力图最大限度地打消听话人的疑虑，所以承诺的力度最大。Austin（1962）区分了显性施为句与隐性施为句，如果句子的主要动词由施为动词充当并且施为动词使用的是现在时、第一人称、直陈式、主动态，那么构成的句子就是显性施为句；其他的具有施为效应的句子则是隐性施为句。此外，承诺除了可以采用以上所提及的言语施为动词来实施显性施为行为，也可以不用施为动词，而是采用隐性施为句的形式来实现承诺，比如可以用情态词如"一定""会"等来表达承诺："我明天一定回去。""我会助你一臂之力的。"

语料分析显示，商家在应对顾客的负面评价时，还使用了较多的承诺言语行为，但很少使用"答应""发誓""保证"等承诺性施为动词，而是较多地使用"一定会""定会""会""绝对""将""将会"等情态词来表达承诺，句式主要包括"对于……问题，我们一定会……""我们一定会……""我们将努力地……""我们已经……，请相信我们一定会……"等。如例（3）：

例 (3)：

a. 对于您所反馈的菜品问题，我们已第一时间反馈给我们的厨师长，定会加强改进。

b. 关于您反馈的服务问题，我们一定会加强培训。

c. 后期我们会加以改善哦！

d. 我们做生意讲求的是诚信与品质，绝对没有糊弄消费者的意思。

e. 我们将努力地做好产品和服务！

f. 希望您可以再来品尝，我们定会以更优的服务让您满意！

g. 关于您提出的鱼头佛跳墙的反馈，我们已作记录并转告餐厅和厨房，请相信我们会真诚聆听您的反馈以便改进。我们会更加注重菜品口味问题，保证菜品品质，确保给每一位客人带来美味可口的菜肴。

例 (3) 中的自称语"我们"采用的是商家的集体身份，代表的是商家的官方回复；"一定会""定会"等情态词的承诺力度适中，不会太强，也不会太弱，能够恰到好处地表达商家承诺对顾客提出的问题进行反馈和改进的决心；承诺的内容主要包括菜品问题、服务问题等。采用集体的自称身份和适当的承诺力度来进行官方回复，一方面可以让不满的顾客放心，另一方面也可以在旁观者或潜在顾客面前树立商家主动承担、虚心改进的良好形象。

7.2.4　请求言语行为

请求是一种带有使役性质的言语行为，该行为的实施可能会威胁到对方的面子，涉及礼貌问题，因此人们会尽量使用一些策略去实施该行为。张元元、刘陈艳 (2012) 认为，请求句式可以分成三种类型：祈使句请求、疑问句请求和陈述句请求。祈使句请求是以命令的形式将说话者的请求意愿直接传达给听话人，语气显得比较强硬，是最直接的请求，在大多数语境下，可能会显得不太礼貌。但在有些特定的语境下（比如双方关系非常亲密），它并不会显得不礼貌。疑问句请求的表达相对委婉，对听话人的强加程度相对较低，多用于非正式场合，听话人可以根据实际情况选择接受请求或礼貌地拒绝请求，而且听话人被拒绝后也不会觉得没面子。陈述句请求是以陈述的语气表达某种愿望或信息，在陈述事实或观点的同时表达请求，是相对比较礼貌的请求语。

语料分析显示，商家在应对网络负面评论时，会采用一定的请求言语行为来进行回应，其采用的句式主要是陈述句请求。如例（4）：

例（4）：

a. 希望您不要放弃我们！

b. 也希望您能给我们机会！

c. 请相信我们会做得更好！

d. 接待过程中如有照顾不周的地方请多多包涵！

这些请求的内容主要包括请求对方原谅、请求对方不要放弃自己、请求再给一次机会、请求对方多多包涵等，体现了商家请求顾客原谅时的礼貌和诚恳态度，也体现了商家维护双方关系的强烈愿望。

7.2.5 陈述言语行为

陈述言语行为是表示信息陈述或断言功能的言语行为（冉永平，2006）。如"我昨天在学校""我完成作业了"。语料分析显示，商家在回应顾客的抱怨或批评时，除了使用致谢、道歉、请求等言语行为，还会使用一定的陈述言语行为，其内容主要涉及商家的经营理念，对食材、口味、服务质量或者顾客意见的重视，有些商家也会采用陈述言语行为介绍自己的一些特色，增进顾客对商家的了解等。如例（5）：

例（5）：

a. XGLL 大酒店一贯关注食材的选择，重视食品卫生安全并珍视您的意见。

b. 还有澳大利亚原瓶进口红酒、原装日本清酒、日本波子汽水、韩国饮料等，正品哈根达斯、新西兰兰维乐冰激凌畅吃是我们的特色！

这些陈述言语行为的内容主要是突出饭店的特色、经营理念、食材新鲜和烹饪方法信得过，这样做一方面是为了加深顾客对商家的了解，另一方面是为了增强顾客对商家的信心，让他们产生一种感觉或者心理暗示：

他们所选择的是一家信誉好、食材考究、经营理念先进的优质饭店，即使存在一些小问题，也可能是由一些突发小意外或者特殊的不可抗力导致的。此外，这些陈述言语行为所包含的内容，同时也是给网络潜在顾客提供一些介绍信息，吸引他们的注意力，赢得他们的信赖。

7.2.6　解释言语行为

解释言语行为是对顾客提出的问题所产生的原因进行说明。解释言语行为也出现在商家的网络评论回应中，采取的言语形式包括直接带有"解释"二字的解释言语行为标记语的句式，如"对此我们稍作解释……""……请允许我解释一下……"等直接解释言语行为，有的使用"是因为……"等句式表示解释。也有不使用言语行为标记语的间接言语行为。如例（6）：

例（6）：

a. 这里需要跟您解释一下：不同的肉的脂肪分布是有差异的，我们也不能保证每份肉的品相与口感是相同的，这点希望您理解哦。

b. 我们的啤酒全部原装进口，不是国产洋品牌哦！

这些解释言语行为的内容涉及商家菜品口味、原材料的质量、饮料的质量、服务出现问题的原因等。其目的是对顾客所抱怨的内容给予解释，希望得到对方的理解、肯定，或消除顾客的误会等。这些解释言语行为有庄重礼貌的正式语言，比如称呼对方为"您"，也有调节气氛的语气词"哦"，用来缓和解释的正式语气，建构认真对待顾客抱怨、尊敬顾客、礼貌对待顾客的商家形象，同时也有助于调节双方的关系。

7.2.7　祝愿言语行为

祝愿言语行为主要是指说话人对听话人的工作、生活、健康、未来等方面表达良好祝福或祝愿的言语行为，如"祝你工作顺利""祝你顺利考上大学""祝你健康长寿""祝你天天开心"等，主要出现在差评回应话语的最后部分。如例（7）：

例（7）：

a. 祝您工作顺利、生活愉快！

b. JBY 全体员工祝您身体健康、生活愉快！

这些祝愿话语的内容主要是商家祝福顾客工作顺利、生活愉快、身体健康等，体现了商家在面对顾客抱怨时依然保持应有的彬彬有礼的风度。

7.2.8　邀请言语行为

邀请言语行为是说话人邀请听话人到某地或做某事的言语行为。有正式采用"邀请"一词的显性邀请，如"我真诚邀请您到我单位传金送宝"；也可以采用"欢迎"一词来表达邀请，如"欢迎您来南京考察"；还有非正式的隐性邀请，听话人可以根据句子意思判断出是一种邀请，如"有空来我家玩哦""有时间过来吃饭"等。这些邀请言语行为主要出现在差评回应话语的最后部分。如例（8）：

例（8）：

a. 期待您再次光临！欢迎您下次继续惠顾小店哦！

b. 真诚期待您的下次光临！

这些言语行为是采用商家的集体身份发出的邀请，采用的动词包括"期待""欢迎"等，有时候还会加上副词"真诚"或"非常"作为修饰语，表达相对比较正式和真诚的邀请，希望顾客可以再次惠顾。采用这样的语言形式来实施邀请言语行为，有利于建立或修复与顾客的人际关系。

7.2.9　建议言语行为

建议言语行为（Austin，1962；Searle，1969）是指说话人通过建议性话语而让听话人受益，并为听话人保留选择和决定空间的一种言语行为（申智奇、刘文洁，2012）。建议言语行为采用的称呼语主要是尊称"您"，表达对顾客的尊重；采用的句式比较委婉，如"您可以……"，主要是针对顾客所抱怨的口味或菜品等方面的具体问题，在阐释原因的同时给顾客提出一些善意的建议或替代性的选择方案。如例（9）：

例（9）：

a. 锅底咸可能是因为火力调得比较大，水很容易烧干，您可以再多加点水哦。

b. 可能您不太喜欢熟的三文鱼，您可以单点菜单上的其他菜品，我们的菜品口味还是不错的。

我们可以看出，商家采用这种委婉的建议方式，一方面可以给顾客所不满的问题提供解决方案，另一方面也可以将顾客所反映的商家本身的菜品制作方法或口味的问题转化为顾客的食用方法可以稍作调整或者顾客的口味偏好各有不同，可以选择其他口味的菜品等，而不是商家的菜品本身存在问题。尊敬的称呼语"您"、句尾的语气词"哦"，以及耐心、委婉的建议口吻，一方面有助于平息不满顾客的情绪，另一方面也有利于商家在其他潜在顾客眼中建构一个菜品信得过、礼貌又有耐心的良好形象。

7.2.10　其他言语行为

除以上几类言语行为以外，语料中还发现少量其他种类的言语行为，如威胁、拒绝、詈骂、嘲讽、警告等言语行为。如例（10）：

例（10）：

a. 您好，这个不是我们的员工。（陈述）对于威胁您的人，您可以选择报警。（建议）对于恶意点评，我们保留采取法律手段的权利。（威胁）

b. 谢谢您，不需要您的好评！（拒绝）低素质的"羊毛党"！（詈骂）

c. 要是都像你一样这么大肚子，自助餐馆迟早都要倒闭了！（嘲讽）

d. 年轻人，少出来"薅羊毛"啊！（警告）

这些言语行为有的是对消费者进行威胁，有的是拒绝接受顾客的评论，有的是对顾客进行不礼貌的詈骂，有的是对消费者进行嘲讽或者警告。结合内容我们可以知道，这些例子中的言语行为具有一定的攻击性，会导致人际关系的伤害。如果顾客没有无理取闹、恶意评价，那么商家采取这些言语行为作出这样的回应，显然是极其不礼貌的。如果顾客确实有恶意评价的行为，作出这样不礼貌的回应是否恰当，也还有待商榷。但总的来说，语料中采取这样不礼貌的言语行为进行回应的例子相对较少，属于少数行为。

7.3 言语行为使用数量与比例

根据统计我们发现，200 条商家网络差评回应话语中，共涉及言语行为 2 187 个。如表 7-1 所示，商家网络差评回应话语中，致谢言语行为使用数量最多，共 362 个，占比约 16.6%；排在第二位的是道歉言语行为，共 323 个，占比约 14.8%；第三位是承诺或保证言语行为，共 286 个，占比约 13.1%；第四位是陈述言语行为，共 271 个，占比约 12.4%；第五位是解释言语行为，共 243 个，占比约 11.1%；第六位是请求言语行为，共 192 个，占比约 8.8%；第七位是祝愿言语行为，共 184 个，占比 8.4%；第八位是邀请言语行为，共 176 个，占比约 8.0%；第九位是建议言语行为，共 117 个，占比约 5.3%；其他言语行为共 33 个，占比 1.5%。

表 7-1 商家网络差评回应中的言语行为使用数量与比例

言语行为类型	数量（个）	比例（%）
致谢	362	16.6
道歉	323	14.8
承诺或保证	286	13.1
陈述	271	12.4
解释	243	11.1
请求	192	8.8
祝愿	184	8.4
邀请	176	8.0
建议	117	5.3
其他	33	1.5
总计	2 187	100.0

从表 7-1 中各种言语行为所占比例可以看出，商家在应对顾客的网络

差评时，首先倾向于采用较多的致谢言语行为进行回应。这个结果跟前人从回应语篇的话步角度统计结果较为接近（如 Ho，2017；Morrow & Yamanouchi，2020；Qian，2020 等），其原因可能是商家在回应语篇的一开始倾向于对顾客的惠顾以及花时间进行点评表示感谢，这是一种礼节性的礼貌回应，能收到缓和双方紧张关系的效果；同时，在回应语篇的结尾，商家会选择再次对顾客的惠顾表示感谢。如例（11）：

例（11）：

谢谢亲的点评！亲不喜欢这次点的菜品，下次可以来尝一下我们的其他菜品。我们的羊肉都是呼伦贝尔草原牧场直供的，肉质都是有检测报告的，羊肉串和羊肉水饺都是当天现做的，肉质新鲜美味，肯定有一款可以满足亲的。不足之处我们也会改进。再次感谢您的光临！

从例（11）可以看出，商家在回应语篇的开头使用了致谢言语行为，对顾客的点评表示感谢，最后结束时再次采用致谢言语行为对顾客的光临惠顾表示感谢。很多回应语篇在开头和结尾都会对顾客的光临或点评表示感谢，这种重复感谢的现象在英语和日语中都有出现，尤其在日语商家网络回应中的使用频率最高（Morrow & Yamanouchi，2020），汉语重复感谢的使用频率处于英语和日语之间（Qian，2020）。

商家网络差评回应语篇中使用频率排在第二位的言语行为是道歉言语行为。顾客的差评主要是对商品或服务的抱怨或批评，商家为了维护与顾客的关系，维持自身有礼貌、诚恳、通情达理的良好形象，在网络公开交际这种特殊语境下，会选择虚心接受顾客的抱怨或批评并对顾客的不良消费体验表示抱歉。如例（12）：

例（12）：

首先欢迎您光临小店用餐，同时感到非常抱歉，是小 X 的错让您失望了。有了这样不愉快的用餐体验，也是小 X 的失职，没有给小伙伴们培训到位，实在对不起，还请您消消气。您反映的问题小店非常重视，已经反馈给运营总监，定会做出严厉的整改方案！小店定会加强培训，提高服务人员的服务技能和服务意识，坚决不允许类似现象再次出现！真心向您说

<u>声对不起</u>，还望客官能给小店一次改进的机会。

例（12）中，商家在开头、中间和结尾多次采用了道歉言语行为，对顾客的抱怨或批评进行道歉，表达诚恳的歉意，这样的情况较为普遍。再如例（13）：

例（13）：

感谢您光临本店！邀请您免费尝试我们家的特色 Tapas 黑松露蘑菇奶油球，或者您也可以再次尝试一下鹅肝配苹果哦。

例（13）的回复相对比较简单，首先对顾客的光临惠顾表示感谢，随后对顾客提出了邀请，并未对顾客表示明确的歉意。这种回应的方式有时候可能是商家刻意回避具体问题，也是他们的一种策略（Morrow & Yamanouchi，2020）。他们尽量避免明确地对相关问题承担相应责任，从而尽可能避免给网络潜在顾客留下自身商品品质或服务确实存在问题的印象而影响自身的形象或声誉（Ho，2017）。

使用比例排在第三位的言语行为是承诺或保证言语行为。如例（14）：

例（14）：

尊敬的顾客您好，感谢您选择 LZXW。很抱歉这次的用餐体验未能达到您的预期，给您带来的不愉快，我们深感歉意！您所反映的问题我们已作记录并十分重视，<u>我们一定会加强对前期预订方式的把控</u>。非常期待您的再次光临，相信我们会给您不一样的体验！

例（14）中，商家在实施了致谢、道歉言语行为之后，采用"一定会"等言语形式，对顾客所抱怨的问题承诺给予解决。相当一部分的商家回应语篇中都存在此种情况。

使用比例排在第四位的是陈述言语行为。这类言语行为一般出现在商家回应语篇的中间部分。如例（15）：

例（15）：

尊敬的贵宾，您好！<u>本店主打海鲜姿造，全球海鲜大聚会，日常能见到的国产活鲜/进口海鲜几乎都来了，有日料刺身档：正宗进口深海三文鱼，加拿大牡丹虾，俄罗斯大号白牡丹虾，金枪鱼，北极贝，大连海胆；高档海鲜档：帝王蟹/大连鲍鱼/象拔蚌/小青龙/梭子蟹/青蟹/大闸蟹等畅吃；还有蒸汽档、美食档、现切牛肉档、铁板烧烤档、果吧。法国 A 级红酒鹅肝、法式铁板羊排、进口澳大利亚西冷牛排，品质很棒。原瓶进口澳大利亚红酒/日本清酒等十几种酒水饮料，近二十款水果、正宗哈根达斯免费畅吃，食材可说是异常丰富。</u>很遗憾没让您得到很好的体验，谢谢您的光临！LD 全体员工祝您生活愉快！

商家在简单寒暄之后，随即开始使用陈述言语行为介绍自己的经营理念、菜肴特色、品种门类、用心之处等，其目的是在解释的同时，对潜在的顾客进行一定的宣传和介绍。再如例（16）和例（17）：

例（16）：

亲爱的顾客您好，我是×××餐厅的主管 J，看到您的评价也是万分的痛心和抱歉。当日的情人节我们也是非常用心，用玫瑰泉花瓣和发光气球进行了装饰，给每一位到店的客人提供优美舒适的环境。西班牙当地的特色小吃每一份都会是小小的哦，这样可以一次尝试多一点的小吃，有更多的选择。<u>我们的西班牙海鲜饭用的是西班牙粳米，淀粉含量高，韧劲十足，搭配草虾、新鲜的膏蟹、青口贝、大目鱼、藏红花。</u>不知道您更喜欢什么口味的菜品，我们可以根据您喜欢的口味进行推荐哦。非常期待您的再次光临，可以一起探讨西班牙美食，每周一我们还有小吃半价的超优惠的活动哦。期待您的再次光临，×××餐厅祝您生活愉快！

例（17）：

您好，感谢您选择 LYSF 用餐，感谢您对本店服务、菜品和环境的认可，同时感谢您的支持！关于您提到的菜品慢，这边实感抱歉，我们这边讲究慢品、慢食，客户需要菜肴快一些，可以预约时告知我们，这边会满足您的需求呢。<u>我们的装修风格返璞归真，水泥墙，水泥地，追求本来</u>

美。LYSF 坐落于青龙山庄的一角，而青龙山庄有住宿、会议、棋牌、温泉、垂钓，设施设备丰富。欢迎亲前来休闲度假。我们将会为您提供优质服务和产品，期待您的光临！感谢您用心的点评，祝您生活愉快！

由语料分析可以看出，商家在对顾客的不满进行回应的同时，充分意识到网络评论及回复的开放性和可见性，因此会有意识地利用该平台建构、维护和提升自身的总体形象，采用了各种言语行为来实现。例子中的陈述言语行为就是建构商家自身形象或身份的一种语言手段，而且该言语行为是在广告或宣传语中较为普遍的一种语言手段，因此使用的频率也相对较高。

使用比例排在第五位的是解释言语行为。解释言语行为一般出现在道歉言语行为之后，对顾客所抱怨的内容进行针对性的解释，一般会表达自身对服务所付出的努力，或者分析出现问题的客观原因，以求得对方的理解或谅解。如例（18）：

例（18）：

感谢您选择在 YKJ 用餐。关于您反馈的问题，我们了解情况后感到非常抱歉，对于您提出的布置要求，我们已经全心全意地进行布置，却依旧没能得到您的喜欢，我们深感愧疚！关于您提到的酒杯打碎的事情，我们也想对此事稍作解释，当晚您打碎的酒杯确实是产自意大利的水晶杯！当然可能最让您不满意的地方是菜品口味，牛排的熟度以及口感问题我也很诧异。因为我们最让所有客人喜欢的就是我们的牛肉类产品。当然不管怎样，没有给您提供一个满意的就餐环境，是我们的失职。如若您还有机会来 YKJ 用餐，请随时提前联系我，餐厅经理 LN：182×××××××，我会尽心尽力地全程服务您的用餐！

例（18）的解释言语行为出现在道歉言语行为之后，采用了"对此事稍作解释"及由"因为"等标记语引导的短语和句子。这种解释一般是为顾客提供他们不了解的信息，求得对方的谅解或者为自己进行辩解。

排在第六位的是请求言语行为。如例（19）和例（20）：

例（19）：

亲！非常感谢您的点评和建议。很抱歉没能给您带来愉快的用餐体验，疫情防控期间的确是有缺货现象，因为供应商受疫情影响没有开门，所以在顾客进店前我们工作人员会告知的。希望您能理解疫情当下我们餐饮行业的不容易。HZL餐厅全体员工期待您的再次光临！

例（20）：

亲爱的顾客您好，非常不好意思，没能让您满意，对此我们深感抱歉。请允许我们集体弯腰90度向您献上我们的歉意，也请您尽管放心，YY下次一定会让您满意哒！这边是YY的联系方式：151×××××××，有什么问题可以随时联系YY呦！请您不要放弃我们！在这祝您生活愉快！

商家采用"希望""请"等标记性语言，实施了请求言语行为，请求顾客体谅理解商家的不易，或请求顾客不要放弃商家，再给一次机会等，表达商家对顾客的珍视。

排在第七位和第八位的分别是祝愿言语行为和邀请言语行为。祝愿言语行为和邀请言语行为一般出现在商家网络回应语篇的最后部分，表达对顾客的良好祝愿，同时邀请顾客再次光临。

排在第九位的是建议言语行为，使用比例相对较低，因为这种言语行为一般是委婉地提醒或建议顾客改变食用方式，或者在顾客表达不喜欢某些菜品的情况下，建议顾客点其他适合自己口味的菜品等。但这样的提醒相对较少，其原因可能是这样的建议可能会显得不太礼貌，或者显得太过牵强，有可能会引起顾客的反感，因此商家使用时会格外小心。

其他言语行为如威胁、拒绝、詈骂、嘲讽、警告等，使用频率相对较低，因为这些言语行为明显属于侵犯性质的不礼貌言语行为，通常情况下会有损交际双方的关系。在商家与顾客的网络互动中，大部分商家会选择与顾客建构比较良好的关系，同时建立自身的良好形象，吸引更多的潜在顾客。这些侵犯性质的不礼貌言语行为属于极少数现象。仅有的几十个例子，可能是由于回应人的素质相对较低，或者少数顾客提出了极不合理的要求或者给予了恶意的评价，导致回应人非常气愤，从而采取了这些言语行为，作出了不礼貌的回应。

7.4　本章小结

　　本章主要考察了商家在面对顾客的负面评论时所使用的言语行为类型及使用比例。在面对顾客网络公开负面评价的语境下，商家首先主要倾向于采用致谢、道歉等言语行为表现自己虚心认错的态度和形象；其次会选择承诺或保证、陈述、解释等言语行为表达自己积极沟通的态度和竭力解决问题的负责态度；再次会采用请求言语行为来求得消费者的体谅与原谅；最后会采用祝愿和邀请等言语行为对消费者的抱怨和批评进行回应，表达自己有礼貌、热情的待客之道。当然，商家还会少量使用建议及其他言语行为来表达态度和建构形象。那么，商家通过这些言语行为具体建构了哪些类型的身份？其目的是什么？下面章节我们将针对这些问题展开具体分析。

第 8 章

商家网络差评回应中的
言语行为与身份建构

8.1 语用身份的人际语用研究转向

在过去 20 年里，有关身份及其建构的语用学研究已取得很多成果。身份建构研究按其重点可划分为三个阶段。第一阶段重在分析身份建构的类型及其语用标记，包括专家身份建构及专业术语（如行话）的使用（van de Mieroop，2007），职业身份建构及正式语域的使用（Lorenzo-Dus，2005），专家身份建构及类别标记的确认（Wilkinson & Kitzinger，2003），成人群体身份建构及情态强示语"dead""heavy"与"mad"的使用（Macaulay，2009）等。第二阶段聚焦于讨论身份建构与面子、（不）礼貌的关系。例如，Spencer-Oatey（2007）利用 Simon（2004）的个人身份心理视角分析了身份与面子的关系，Higgins（2007）使用会话群体归属分析法（Antaki & Widdicombe，1998）探究了自我与他人的面子和社会身份的关系等。第三阶段重在纳入身份理论建构人际（不）礼貌理论体系。例如，很多学者（Lorenzo-Dus，2009；Garcés-Conejos Blitvich，Lorenzo-Dus & Bou-Franch，2010；Haugh，2010a；李成团，2010；李成团、冉永平，2012）强调身份是由说话者与听话者共建的，并影响即时交际中话语行为的（不）礼貌评价。Garcés-Conejos Blitvich（2013）进一步指出，交际中身份的证实引起礼貌评价，而对身份的不证实或不确认导致不礼貌评价。

以上三个阶段的语用学研究大多从其他学科视角展开分析，对身份建构的人际动因与理据探讨尚显不足。有鉴于此，学者们逐渐开始从人际语用视角来探究身份建构。Locher 和 Graham（2010）编辑的论文集初步厘定了开展人际语用学研究中的基本框架。他们总结了人际语用学研究的定义，初步讨论了人际语用学研究的理论视角如身份协商论（de Fina，2010）、人际取效的策略使用如尊重策略（Haugh，2010b）与人际语用研究的语境问题如医患交际（Davis，2010）等方面。这些研究都涉及身份及其建构的作用，因而间接体现了身份建构在人际语用学研究中的重要地位。近年来，西方很多语用学者（Locher，2008，2013；Arundale，2010，2013；Haugh，2013；Garcés-Conejos Blitvich，2013）明确人际语用学这一研究趋势，指出它与身份建构研究的关系，但如何在人际语用视域下分析身份建构是目前国内外研究面临的新挑战。

Haugh、Kádár 和 Mills（2013）明确指出，人际语用学其实是一种研究人际交往的语用学视角，主要根源于"人际修辞"（Leech，1983）与"礼貌"（Brown & Levinson，1978/1987）。对于前者的研究发展为社交语用学的分支，对于后者的研究构成了礼貌研究。早期的人际方面的研究聚焦于面子，礼貌是某种方式的自我呈现与证实（Goffman，1967）。然而，21 世纪初以来的研究重心转向在更宏观的人际关系（relating/relationships）框架下重新定义礼貌，主要的理论框架包括关系工作（relational work）（Locher & Watts，2008）、和谐管理（rapport management）（Spencer-Oatey，2008，2013）与面子建构（face-constituting）（Arundale，2010）等。

李成团、冉永平（2015）认为，会话者选择不同的言语形式与策略建构身份，会引发交际双方对人际关系的不同评价。人际评价涉及交际双方或多方对彼此关系的评价，这影响着交际者对彼此关系的理解与感受，有时影响着交际者的行为（Kádár & Haugh，2013）。Littlejohn（1983）指出，会话者通过交际建立与外在世界（包括他人）的联系，这一联结功能的实现途径包括类化（assimilation）与适应（accommodation）。前者指会话者改变自我对他人的评价以适应对自我的评价，亦即如果他人否定了自我身份的某些积极属性，会话者会重新评价他人；后者指如果他人对自我身份进行不断的否定与拒绝，会话者会改变对自我身份的评价以适应自我对他人的评价。这一观点同 Spencer-Oatey（2008，2013）的主张一致，认为会话者选用特定语言手段或策略建构人际关系与身份关系，会引起会话者对彼此言语行为的评价：如果会话者否定、拒绝或鄙视交际中出现或建构的身份，会引起对方对此行为的不礼貌评价，反之则会引起礼貌评价。同时，随着交际的进行，人际关系的远近亲疏与地位等级次序也会得到重新的评价、维系或改变。由此可见，人际语用视角下的身份建构涉及人际关系建构、人际情态表达与人际关系评价等多个领域，并且这些领域相互影响。然而，以往传统语用学视角没有将礼貌与面子研究直接置于这些领域。与传统语用学视角相比，人际语用学视角的优势在于它能映射以上三个领域，揭示身份建构多元、多面的本质（Haugh，Kádár & Mills，2013）。

8.2 商家在网络回应话语中建构的积极身份类型

陈新仁（2013）指出，身份建构的可变性在于交际者的社会身份具有多重性，也就是说，交际者会在特定的交际语境下根据自己的交际需要从多重身份中选出能实现交际目标的不同身份，从而更好地达成交际目标。而这种身份的选择具体表现在对话语的选择方面。交际者既有交际前设定的、稳定的社会身份，也有在交际过程中不断建构的、变化的身份（de Fina et al.，2006）。有学者认为，交际者在特定情境下通过话语建构的形象也是一种身份。比如 Ho（2010）分析了学校领导给员工的电邮语料，发现邮件作者建构了负责任、理性、礼貌等形象。任育新（2013）认为，在机构性互动交际中，交际者总是以一定的身份进行交际，这种身份看似是默认不变的。这种默认身份（Richards，2006）是机构性交际的主要特征之一（Thornborrow，2002），如教师和学生、医生和患者、商家和消费者等。任育新（2012）认为学术语境下专家实施建议言语行为时倾向于建构两大类身份：默认的专家身份和变异性（或偏离性）身份，并对其中默认的专家身份加以修饰，凸显某种特质或形象，如知识渊博型专家身份、权威型专家身份、谦逊型专家身份等类型。本书借鉴 Ho（2010）及任育新（2013）的观点，将商家在回应消费者批评或抱怨时在话语中所凸显的某些特质或形象统称为语用身份。在网络评论与回复的互动中，商家身份是默认身份，但默认的商家身份在动态交际中会根据特定语境和交际目标而调整，从而使其某些层面的特质更加凸显，以促进当前交际意图和目标顺利达成。

差评回应的撰写人一般为商家的管理人员，但是由于他们是代表商家说话，因此本书将其建构的身份统一称为商家身份。言语行为是语用身份建构的话语实践类型之一，交际者可以通过言语行为的选择来提示自己或对方的身份，如批评、表扬、建议、宣告等言语行为（陈新仁，2013）。经过语料分析，我们发现商家通过以上提及的言语行为及话语内容建构了以下类型的商家身份。需要说明的是，这些身份与言语行为并非总是一一对应的关系，可以是一种言语行为建构某种身份，也可以是多种言语行为共同建构某种身份。

8.2.1　诚恳认错型商家身份

语料分析发现，商家在网络差评回应中采用了致谢、道歉、陈述等言语行为，对顾客抱怨的内容予以虚心接受，并诚恳道歉，建构了诚恳认错型商家身份。如例（1）：

例（1）：

a. 不合您口味我们感到抱歉哦！（道歉）

b. 首先非常抱歉给您带来不愉快的用餐体验。（道歉）

例（1）采取了"感到抱歉""非常抱歉"等语言形式，实施了道歉言语行为来回应顾客的负面评论，体现了商家敢于在网络这种语境下公开承认不足并进行道歉的诚恳态度，成功建构了诚恳认错型商家身份。

此外，还有其他类型的言语行为也共同建构了诚恳认错型商家身份。如例（2）：

例（2）：

a. 感谢您惠顾小店，并花时间对我们的服务提出宝贵意见。（致谢）

b. 对于您反映的菜品问题，我们已经展开了详细的调查。（陈述）

例（2a）属于致谢言语行为，表达了商家宽容大度的良好态度。顾客的公开抱怨本来是一种面子威胁行为，对商家的声誉和形象都可能会带来一些负面影响。然而，面对此种评论，商家并未愠怒或反击，而是表现出良好的态度，对顾客肯花时间进行评论表示感谢，并且把顾客的负面评价称为"宝贵意见"，表示充分的尊重与重视，表达了商家礼貌虚心对待顾客意见的诚恳态度。例（2b）则属于陈述言语行为，也表达了商家对顾客所提问题的重视程度，并告知对方商家对此问题展开了认真而详细的调查，表达了商家的诚恳态度。这些类型的言语行为共同建构了诚恳认错型商家身份。

8.2.2 补偿让利型商家身份

语料分析发现，商家在面对顾客的抱怨时，通常会采用承诺言语行为，表示愿意赔偿损失；或者采用陈述或解释言语行为对自己的菜品或服务进行解释，表明自己菜品的优惠和让利实质，对顾客的利益予以关照，从而建构了补偿让利型商家身份。如例（3）：

例（3）：

a. 如果下次再出现这种情况，我们承诺一定会给您调换，加倍补偿您的损失。（承诺）

b. 你觉得蟹不好，没事，我们有一个赔一个。（承诺）

c. 最近猪肉价格涨得厉害，羊价也在涨，羊小了农户都舍不得卖，所以现在的羊都偏大。（解释）

例（3a）和例（3b）属于承诺言语行为，商家对顾客所承受的损失及提出的不满不仅表示认可，还表示愿意"调换""加倍赔偿损失""有一个赔一个"等，体现了商家体谅顾客的不满情绪并承诺愿意给顾客补偿的良好态度。例（3c）句属于解释言语行为，表达了商家在市场涨价的情况下依然坚持给顾客提供原价服务，并且愿意给顾客提供大一点的烤全羊，给顾客让利让惠。这些言语行共同建构了补偿让利型商家身份。

8.2.3 尽力负责型商家身份

语料分析发现，商家在网络差评回应中还采用了请求、陈述及承诺言语行为来建构尽力负责型商家身份。如例（4）：

例（4）：

a. 对于您所反馈的菜品问题，我们已第一时间反馈给我们的厨师长，定会加强改进。（承诺）

b. 关于您反馈的服务问题，我们一定会加强培训。（承诺）

c. 我们将会认真排查问题，尽力给广大顾客提供最优质的服务！（承诺）

　　d. 我们做生意讲求的是诚信与品质，绝对没有糊弄消费者的意思。（保证）

　　例（4a）、例（4b）和例（4c）中，商家通过采用"定会……""关于……问题，我们一定会……""我们将会……"等句式来实施承诺言语行为，表达商家愿意"加强改进""加强培训""尽力给广大顾客提供最优质的服务"等方面的决心，体现了商家对顾客应持有的负责态度，也愿意针对顾客所提出的问题改进，尽力提供优质服务。例（4d）则属于保证言语行为，表达商家诚信经营、维护品质、绝不糊弄消费者的原则。这些言语行为共同建构了尽力负责型商家身份。再如例（5）：

　　例（5）：
　　请相信我们会真诚聆听您的反馈以便改进。（请求）我们会更加注重菜品口味问题，保证菜品品质，确保给每一位客人带来美味可口的菜肴。（承诺）

　　例（5）中，商家首先采用了请求言语行为，恳请顾客对其保持信任，相信商家会真诚聆听反馈；其次采用了承诺言语行为，承诺更加注重菜品口味问题，确保给每一位客人带来美味可口的菜肴。这些言语行为都体现了商家认真负责的态度，也共同参与建构了尽力负责型商家身份。

8.2.4　热情服务型商家身份

　　语料分析发现，商家在面对顾客的批评和抱怨时，也会采用邀请言语行为，邀请客户再次光临消费，并表示愿意保持联络，表明了商家热情服务的态度。如例（6）：

　　例（6）：
　　a. 我们衷心希望您的再次光临。（邀请）
　　b. 再次向您表示诚挚的歉意，衷心期待您的再次光临！（邀请）
　　c. 这是我的手机号码：139×××××××××，下次来就餐如果有任何问题，欢迎您随时打电话沟通哦！（邀请）

例（6）中，商家采用"衷心希望……""衷心期待……""……再次光临"等句式来实施邀请言语行为，建构了热情好客、尽心服务的商家形象。此外，商家还会向对方提供自己的手机号码，邀请对方今后有问题随时沟通，体现了商家真诚沟通、热情服务的态度，从而建构了热情服务型商家身份。

8.3 商家在网络回应话语中建构的消极身份类型

如前文所说，商家在网络差评回应话语中除了使用致谢、道歉、承诺、陈述、解释、请求、祝愿、邀请、建议等正面言语行为之外，还使用了诸如威胁、拒绝、詈骂、嘲讽、警告等负面言语行为。下面我们将考察这些负面言语行为所建构的商家身份类型。

8.3.1 严正交涉型商家身份

语料分析发现，商家在网络差评回应中会少量使用否认、建议和威胁等言语行为，否认问题的存在，意图追究责任。在威胁言语行为中，商家会采用类似"对于……我们将采取……措施"等句式来实施该行为，表达对消费者提出抱怨或不满的不认可。这种情况下，商家倾向于否认或不接受批评或抱怨，认为消费者提出的抱怨或不满属于空穴来风，侵犯了商家的良好声誉，有时甚至会提出采取措施与对方进行严正交涉。我们把商家通过这些言语行为所建构的身份称为严正交涉型商家身份。如例（7）：

例（7）：
您好，这个不是我们的员工。（否认）对于威胁您的人，您可以选择报警。（建议）对于恶意点评，我们保留采取法律手段的权利。（威胁）

例（7）中，商家首先确认了威胁消费者的人不属于正式员工，其次建议消费者对威胁他的人进行报警，最后表示如果有人恶意点评，故意虚构不实信息，损害商家的形象和利益，他们会采取法律手段追究责任。这些言语行为共同建构了严正交涉型商家身份。由于在一般交际中，交际者采取严正交涉的态度会伤害到对方的面子，可能会有损双方的交际关系，因此我们认为这是一种消极的身份类型。

8.3.2　粗鲁无礼型商家身份

语料分析发现，商家在网络差评回应中还会少量使用类似"不需要您的好评"等句式来实施拒绝言语行为，或者直接实施詈骂言语行为，表达对消费者的不在乎，或者对其差评内容的否认。这种情况下，商家无视与对方的关系或者自身的网络形象，直接采取粗鲁、不礼貌的言语行为对差评内容进行回应。我们把商家通过这些言语行为所建构的身份称为粗鲁无礼型商家身份。如例（8）：

例（8）：
谢谢您，不需要您的好评！（拒绝）低素质的"羊毛党"！（詈骂）

我们在语料分析中还发现，商家在网络差评回应中有时还会少量使用带有人身攻击的嘲讽话语，实施嘲讽或挖苦言语行为，表达对消费者的蔑视。如例（9）：

例（9）：
要是都像你一样这么大肚子，自助餐馆迟早都要倒闭了！（嘲讽）

例（9）中，自助餐商家采用嘲讽言语行为对消费者的食量进行了嘲讽，明显过于失礼，建构了粗鲁无礼型商家身份。由于在一般交际中，交际者采取挖苦、嘲讽等粗鲁无礼的交际态度会伤害到对方的面子，也会有损双方的交际关系，因此我们认为这也是一种消极的身份类型。

8.3.3　劝诫警告型商家身份

我们在语料分析中还发现，商家在网络差评回应中有时还会少量使用带有警告性质的话语来实施警告言语行为。这种情况下，商家无视与对方的关系或者自身的网络形象，直接采取居高临下的口吻对消费者的差评内容进行回应。我们把商家通过这些言语行为所建构的身份称为劝诫警告型商家身份。如例（10）：

例（10）：

年轻人，少出来"薅羊毛"啊！（警告）

由于在一般交际中，交际者采取警告和严肃劝诫的交际态度会伤害到对方的面子，也会有损双方的交际关系，因此我们认为这也是一种消极的身份类型。

需要说明的是，除了以上列出的三种负面消极身份以外，商家可能还使用了其他负面言语行为建构了其他类型的负面身份。由于篇幅有限，我们无法穷尽每种身份类型，在此不再一一赘述。

8.4　商家网络差评回应身份建构的情况

如第 7 章所述，根据统计我们发现，在 200 条商家网络差评回应话语中，共计涉及言语行为 2 187 个，其中致谢言语行为使用数量最多，道歉言语行为、承诺言语行为、陈述言语行为、解释言语行为、请求言语行为、祝愿言语行为、邀请言语行为、建议言语行为分别排在第二至第九位。总的来说，从以上九种言语行为的类型及具体语言实现方式来看，它们所建构的都是积极的身份类型。而其他少量的诸如威胁、拒绝、詈骂、嘲讽、警告等负面言语行为则主要参与建构了消极的身份类型。

据统计，在商家网络差评回应语料中，98.5% 的言语行为主要参与建构了积极的身份类型，而只有 1.5% 的言语行为参与建构了消极的身份类型。这个结果表明，商家在网络公共空间处理消费者差评时，主要倾向于使用积极的言语行为来建构商家身份，仅使用了少量有损交际双方关系的言语行为建构了负面的身份类型。这个数据非常明显地体现了商家的身份选择倾向。

8.5　商家网络差评回应身份建构的动因分析

随着网络技术的发展和网络购物平台的不断普及，越来越多的消费者选择在网络上购物消费。网络消费具有多种优点，如非常方便快捷、省时省力、免去诸多腿脚劳顿之苦、效率更高等，特别为当代消费者所青睐。消费者可以在消费之后在网络上发表相关评论，分享自己的消费体验，同时也给其他消费者在选择消费前提供参考。

Feng 和 Ren（2019）认为，消费者还会追踪物流情况，并对物流的速度、快递员的服务态度、商品的性价比等进行评论，分享购物体验。鉴于网络公开评论对于商家的信誉和品牌形象具有重要的影响，消费者与商家都会格外关注。网络公开评论的语言语用使用情况也引起了语言学研究者的关注。比如，金梅和袁周敏（2020）重点关注了网络购物差评话语中的抱怨言语行为及其共现的言语行为，考察了网络抱怨语的语言特征。Ho（2014，2017）考察了酒店网络评论回应话语中的道歉言语行为及其涉及的关系管理策略。这些研究从不同角度对网络评论及其回应进行了观察和阐释，为本书奠定了良好的基础，提供了有力的借鉴。

由上节分析我们可以看到，绝大多数商家主要倾向于建构积极的身份类型，只有极少数商家选择建构负面的身份类型。为什么商家会建构这些身份类型？积极身份和消极身份的比例分配为何是这样的呢？下面笔者将结合当代中国网络商业发展的大背景及商家负责人访谈来进行分析和阐释。

8.5.1　维持商家的网络口碑

消费者口碑和评价是影响消费者消费决策的重要因素之一，也是企业应用最广泛和最有效的传播方式之一（杜伟强、于春玲、赵平，2011）。随着互联网的快速发展，当代消费者尤其是年青一代消费者的购物和消费方式发生了巨大的变化。以往传统的线下口碑具有传播速度慢、不容易获得等诸多限制，相比较而言，网络在线口碑和评论则更容易便捷地获得，影响也更大，是一种获取和留住消费者的低成本、有效的手段（Zinkhan et al.，2003；Mayzlin，2006）。在线评论是商品或商家在线口碑传播的重要渠道之一，近年来引起了实业界和学术界的普遍关注，并针对网络在线评论展开了大量的实践与研究。根据评论发布平台的差异，在线评论可以分为第一方评论和第三方评论。第一方评论是在企业自建的网站上发布的评论，其目的是促进自身产品的销售。而第三方评论则是在企业之外的网站上（如大众点评网、口碑网、豆瓣网、美团点评、美国的 Zagat 等）所发布的评论，它是不以促进自身产品销售为目的的网络评论平台。由于第一方口碑具有匿名性（Mayzlin，2006），商家为了自身利益，可能会对在线评论采取人为操控，其评论的可信度存在一定争议。近年来，随着产品质量问题和企业诚信与道德问题日益突出，消费者更加关注评论的真实性和可信度（王关丽，2011；郭国庆、陈凯、何飞，2011）。第三方评论网站可有效地避免这些问题，同时还具有更多优势：微信息的聚集可构成庞大的数据量，供人们参考和研究，实现资讯信息的分众化与聚众化，实现评论者、受众和消费者三重身份的重合，而且其商业模式更加清晰（吕秀莹，2011）。因此，第三方评论网站被公认为 2006 年以后发展空间最大的电子商务模式之一。

霍夫兰德的说服模型（Herzberg，Mausner & Snyderman，1959）认为，在线口碑的信源是消费者判断其可信度最重要的因素之一。许多研究也表明，当在线口碑论坛上的观点比较客观时，看帖者对产品的态度较好（杜伟强等，2011）；第三方评论网站主要发布消费者在线口碑信息，对消费者判断可信度的影响更大（郭国庆等，2010）。由此可见，对于第三方评论的研究具有较重要的意义，维护自身在第三方评论网站的口碑也成为商家特别关注的一个问题。这就解释了为什么商家会重视消费者对他们的网络在线评论，并专门安排人员对网络在线评论进行回复。而且在回复过程中，大多数情况下会选择积极的言语行为，维护与消费者的良好关系，这也有助于建构商家的良好声誉和形象。

我们采用访谈法对几个商家的网络评论回应负责人进行了电话访谈，并整理成文本文档进行分析。通过对访谈语料的分析我们发现，他们的回答也证实了前文的分析。比如，有商家说："……现在是网络时代，信息传播这么发达，如果有什么负面影响的消息发出来，对我们（的形象）会产生很大的影响啊。消费者在网络上对我们进行评价，我们当然要认真对待啦……我们是由大堂经理专门做这件事的……""……这个当然要重视啦，现在网络这么发达，年轻人下馆子之前总是会用手机去找饭店……订饭店之前，一是要看一看评分，二是要大概参考一下别的客人对我们的评价。如果我们对客人负面评价的回应处理得不够好，口碑差了，肯定是会影响我们的生意啦。""一家饭店生意想要做好，那肯定得把口碑做上去啊。现在是网络时代，什么信息在网上都能查到。要想把饭店做好，肯定得在这方面花一点精力研究研究，不能破坏了饭店的形象啊……"从访谈语料中我们可以看出，由于信息时代的市场竞争非常激烈，商家的网络口碑会影响到生意，口碑好也是商家得以生存的重要条件之一。正因为如此，商家普遍会非常重视自身的网络形象建构，为的是在网络这个公共评论空间维持自身良好的声誉和形象，努力维护自己的网络口碑，从而留住或吸引更多的潜在消费者。

8.5.2　维持商家的网络形象

随着信息技术的快速发展，网络营销及推广方式以其快速传播的优势取得了重要地位。作为商家口碑及网络形象的重要传播方式之一，第三方网络评论及回应引起了追求品质及销量的商家的高度重视，很多商家纷纷通过积极的言语行为建构了正面身份，包括诚恳认错型商家身份、补偿让利型商家身份、尽力负责型商家身份及热情服务型商家身份。绝大多数商家在面对消费者差评时，仍然保持较为良好的态度和风度，尽可能维持与消费者的关系，同时建构自身的良好形象。比如有商家负责人在访谈中说道："……现在网络信息技术这么发达，饭店这么多，要想立于不败之地，就必须在网络空间树立一个良好的形象。为什么呢？因为现在的年轻人消费都是靠网络（来选择）啊，你要是看到差评，不好好采取办法去回应他，那你饭店的形象肯定就大打折扣了嘛……"还有一位受访人提到："现在网络这么发达，顾客在网上搜饭店的时候，都会大概浏览一下其他消费者的评价，再决定去哪家用餐。如果发现商家回复顾客投诉时讲话比较粗鲁，对顾客不礼貌，那肯定就代表了商家的总体素质和水平……要是不好好地回复和处理顾客提出的问题，那我们的形象肯定会大打折扣，其他消费者肯定也会对我们产生不良印象……"因此，从以上访谈来看，商家采用这些言语行为建构的网络身份主要是为了对自身网络形象进行管理，一方面对投诉和抱怨的消费者给予礼貌回应，维持商家的良好网络形象；另一方面，在其他潜在消费者浏览评价和回复的过程中，商家也能呈现礼貌、谦恭的良好形象，从而有助于商家在维护老客户的同时争取到更多的新客户。

8.5.3　维持商家与顾客的关系

在访谈过程中，我们还问了商家负责人这样的问题："你们是如何进行网络差评回应的，一般会采取什么办法或策略？"对于这个问题，商家也作了回答，比如："要回应嘛，那肯定首先态度要好。不管客人提什么问题，提得对不对，你都要表示一下抱歉，毕竟他们是消费者。中国有句古话，叫作'伸手不打笑脸人'，意思就是，不管什么问题，你的态度都要好，'谢谢''对不起'之类的话要挂在嘴边，客人即使再生气，他的情绪也会有所缓解……然后，该解释就解释，该改进的地方要（承诺）改进。总之客气话要说到位，把关系维护好。"商家采用了道歉、致谢、解释、承诺等言语行为来展现自身的良好形象。同时，还有商家表示："……顾客是我们的上帝，他们反映的问题，我们一定要好言相对，不管他们说什么，咱们首先态度要好……他们反映的问题，当然一定要认真对待，'有则改之，无则加勉'嘛。反正归根结底一句话，无论如何，都要礼貌客气一点，把客人的不满情绪抚慰好，把关系维持好……老话说得好，'和气生财'。客人高兴，关系搞融洽一些，生意才能好……"这些访谈语料反映了商家具备比较强的关系维护意识，认为在面对顾客的抱怨和差评时，应该首先从态度上保持礼貌与谦逊，对顾客表示尊重，并且认真对待和处理顾客所提出的问题，力求维护和修复与顾客的关系。结合回应语料的分析可以发现，商家会尽力采取各种礼貌的言语行为和语言手段来达到维持、修复或提升双方关系的交际目标。

8.6　本章小结

本章在前文基础之上，根据商家在网络差评回应话语中所使用的言语行为类型，考察商家通过这些言语行为所建构的语用身份类型。研究发现，商家主要建构了两种类型的商家身份，一类是积极商家身份，包括诚恳认错型商家身份、补偿让利型商家身份、尽力负责型商家身份及热情服务型商家身份；另一类是消极商家身份，包括严正交涉型商家身份、粗鲁无礼型商家身份及劝诫警告型商家身份。绝大多数商家选择建构了积极身份，仅有少量商家建构了消极身份。结合当代中国网络商业发展的大环境及商家管理者或商家网络评论回应人谈话剖析其内在动因，我们发现，绝大多数商家均意识到网络口碑的重要性，并竭尽全力地维护与消费者的良好关系，及时妥当地处理相关问题。这些商家具备一定的网络形象管理意识和关系管理策略，会尽可能地建构自身良好的形象，从而吸引更多的潜在消费者。

第 9 章

商家网络评论互动的身份
建构与和谐关系管理

9.1 网络互动中商家身份建构与和谐关系管理的过程

冉永平（2012）认为，交际主体在面临冲突或潜在的冲突时，一般倾向于采取语言手段或策略措施避免或消除冲突，以便在实现交际目标的同时修复或建构和谐的人际关系。交际者使用的策略多种多样，而身份的选择与建构是交际者常用的一种策略。冉永平（2012）认为，追求人际关系和谐是人类理性交际的重要体现。这就是语言使用中所蕴藏的"和谐取向"（rapport orientation）。网络上消费者的负面评论其实也是一种冲突性话语，采用何种语用策略进行应对，有效化解当前冲突并修复或维护人际关系，也是值得研究的一个议题。本章基于以上理论框架，先对关系管理的过程进行阐释，然后结合商家的关系管理维度与语用身份的建构进行阐释。具体来说，关系管理的过程主要包括关系管理取向选择、管理维度选择、语言语用策略选择、礼貌适切性评估、人际关系管理效果评估。

9.1.1 关系管理取向选择

现代技术的发展和网络的普及给人们的出行和消费提供了更多选择、比较及互动交流的机会（Mudambi & Schuff，2010；Archak et al.，2011；Gao et al.，2018）。网络既可以为消费者提供对所购买的商品或服务进行评价和反馈的机会，为其他潜在消费者提供参考（O'Connor，2010；Xiang & Gretzel，2010），又可以帮助商家及时了解消费者的反馈意见，进一步改进商品或服务的品质。消费者网络评论对商家形象及其他潜在消费者会起到很大的参考作用（Ho，2017b；Ren，2018b；Feng & Ren，2019），对产品的销售也会产生很大的影响（Chevalier & Mayzlin，2006；Anderson & Magruder，2012；Nakayama & Wan，2018）。例如，大众点评网是一个能为广大消费者提供消费指南和借鉴的公开平台，顾客的评论与商家的回应内容都对大众可见。作为商家，他们深知网络回应的恰当与否对自己的消费者意味着什么，因此基本都会认真对待，并尽力维护好与消费者的关系（Nakayama & Wan，2018）。而且很多网络潜在消费者通常也会参考其他网友的网络评论来选择和确定消费商家，尤其会关注差评中消费者所反映的问题是否会影响自己的消费体验，商家对消费者提出的问题是如何回应的，对消费者采取了什么样的回应态度，其服务品质如何等。在这种特殊的网络公开语境下，商家对这些负面评论的回应话语及策略就显得尤为重要。说话人的交际过程本质上是人际关系管理的过程，交际者在发话之前首先会对交际情境及损益进行评估，然后确定关系管理取向。考虑到以上诸多因素，大多数商家会选择对双方的关系进行修复和提升，同时尽力在其他潜在消费者的眼中树立良好的商家形象。

9.1.2 管理维度选择

目前，网络已成为消费者搜索信息、作出决定的一个极受欢迎的交流工具（Xiang & Gretzel，2010；Leung et al.，2013；Zeng & Gerritsen，2014）。网络工具能在公共空间有效促进消费者和商家的动态交流，并对大众的消费选择产生一些影响（Xiang & Gretzel，2010；Yoo & Gretzel，2011）。由于网络评论的重要性，商家在对消费者的网络评论进行回应时会选择关系管理取向，并从多个维度进行积极管理或消极管理（Spencer-Oatey，2008）。交际者一旦选择了关系管理取向，就会对听话人的面子、利益、权利与义务、情绪、交际目标等维度进行积极管理或消极管理，尽可能地满足听话人在这些方面的需求。研究发现，商家为了修复、维持和提升与消费者的和谐关系，在应对消费者网络差评时，主要选择从面子、利益、权利与义务、情绪四个维度同时进行管理。首先，在消费者提出批评和抱怨时，通过面子的管理来维护彼此的关系，是一个必要的维度。因为如果商家对消费者提出的问题或抱怨表示否认或驳斥，则会伤害到对方的面子，从而影响双方关系的修复和维护。其次，商家和消费者是服务与被服务的关系，彼此之间存在一些利益关系及权利与义务的关系，必须从利益及权利与义务的维度采取有效的策略应对，才能达到关系管理的目标。再次，顾客在实施抱怨或批评行为时，必定会带着一些负面情绪，因此商家也必须从情绪维度实施有效管理。最后，商家网络回应的交际目标是为消费者解决疑惑或问题，在修复与维护双方关系的同时维护商家的良好形象，因此商家也必然会从交际目标维度进行管理（后文将分别予以详细分析）。

9.1.3 语言语用策略选择

根据陈新仁（2018）的关系管理模式，交际者在确定了具体的关系管理维度之后，就会采用各种语用策略或准则来尽力达到交际目标。可以遵守或违背 Leech（1983）的得体准则、谦逊准则、慷慨准则、赞誉准则、一致准则、同情准则；或者遵守或违背 Leech（2014）的得体准则、谦逊准则、慷慨准则、赞誉准则、说话人和听话人义务准则、一致准则、观点保留准则、同情准则、情感保留准则等。这些准则的遵守或违背都需要通过话语层面的选择来实现。具体来讲，交际者会在言语行为域、话语域、参与域、语体域、非言语域几个域中进行选择和使用。也就是说，人际关系的管理策略需要在不同域中通过语言的选择来加以表征，话语策略的选择也能体现特定的人际关系管理方向。

本书认为，说话人在选择了具体的关系管理维度之后，就会诉诸各种语言语用策略对当前交际关系实施管理。语言语用策略涉及很广，而且彼此之间相辅相成，不能完全割裂。本书主要侧重从言语行为域的选择来考察语用身份策略，并从语用身份建构的角度来考量商家的关系管理策略。身份建构的人际语用问题是目前人际语用学的一个研究热点（冉永平，2015；蒋庆胜，2019），也是一个值得考察的重要方面。

9.1.4 礼貌适切性评估

陈新仁（2018）认为，面对说话人的话语选择，听话人会依据当下语境的社会秩序或道德秩序对说话人发出的话语从（不）礼貌角度进行评判，也会对其背后的关系管理取向进行评估。其涉及的语境因素既包括与交际双方相关的自身因素，如权势关系、社会距离、互动角色、参与人数；也有交际任务的因素，如强加幅度、损益方向；还有当前交际发生的时空、环境因素；此外还有交际双方信守的交际互动原则、语用—语言规范、活动类型等。本书认为，消费者（或网络潜在消费者）首先会对商家使用的言语行为和语用策略背后的关系管理取向进行评估，评估的结果（即礼貌或不礼貌）会对人际关系产生影响。面对消费者的批评和抱怨，商家采用的言语行为大多涉及道歉、致谢、承诺、邀请、祝愿等积极言语行为，建构的语用身份主要涉及诚恳认错型、补偿让利型、尽力负责型、热情服务型等商家身份类型。消费者自然也会对商家的关系管理取向进行正向评估，了解商家的应对态度。商家正是通过语用身份策略对双方关系进行关系管理，达到修复和提升彼此关系的交际目标。

9.1.5　人际关系管理效果评估

根据第 5 章的理论框架我们可以得知，（不）礼貌评价取决于特定话语实施的关系管理情况。具体体现为特定交际行为对人际关系带来的影响，而这种影响是一个程度性的概念，也是一个具有积极与消极之分的概念。商家在网络交际语境中会竭力采用各种策略去积极修复、维护和提升彼此的关系，努力呈现礼貌回应的形象，从而达到自己的交际目标，更好地赢得消费者的信赖。

9.2　网络互动中商家身份建构与和谐关系的管理维度

下面我们将从关系管理框架的几个维度，分别对网络差评回应中商家通过身份的建构而对关系进行管理的身份策略展开分析。

9.2.1　面子维度管理

从前文的理论框架可以看出，关系管理也涉及面子管理维度。面子是对交际者的优点和价值的正面认可与赞同，是说话人在某一特定交际环境下为自己有效争取的正面社会价值（Spencer-Oatey，2008）。在现实交际中，每个人都在乎面子，人们对面子的关注具有普遍性（Leech，1983；Brown & Levinson，1987；Ting-Toomey & Kurogi，1998）。Spencer-Oatey 认为，面子包括素质面子（quality face）和社交身份面子（social identity face）。素质面子指交际主体在能力、技能、智力、外表、品行等个人素质方面希望得到正面评价的基本愿望，涉及个人自尊或个人形象问题。从本书的语料分析可以看出，在面对消费者的批评、抱怨等负面情绪时，大多数商家选择采用道歉、致谢、承诺、邀请等言语行为，建构诚恳认错型身份，对消费者提出的批评和抱怨表示虚心诚恳地接受，维护和认可消费者作为值得尊重的贵客的社交身份面子，从而尽可能地修复和提升与消费者的关系，努力获得消费者的认可。也就是说，商家通过诚恳认错型身份的建构，从面子维度对商家与消费者的人际关系进行了有效管理。

9.2.2　利益维度管理

陈新仁（2018）认为，交际者在确定双方的关系管理取向之后，会选择尽可能给予对方利益或剥夺对方利益。语料分析显示，大多数商家选择了修复和提升双方关系的取向，因此会尽可能地给予消费者利益。商家采用积极言语行为建构了补偿让利型商家身份，表示愿意对消费者感觉不满意的服务进行补偿，有效地修复和提升了与消费者的关系。也就是说，在消费者对商家提供的服务不满而产生抱怨心理或进行投诉时，商家通过适切的言语行为对身份进行了有效的选择和建构，表示愿意给消费者让利和补偿，或提供物美价廉的服务，满足消费者的利益需求，从而在利益维度对双方关系进行了有效管理，有效修复和提升了双方的关系。

9.2.3　权利与义务维度管理

按照陈新仁（2018）建构的关系管理维度，交际者在选定了关系管理取向之后，会尽可能赋予对方社会权利（给予对方自主权、主动权与联络权），或者尽可能强调社会义务（自治权或联络权）。从商家与消费者的权利与义务角度来看，商家与消费者存在服务与被服务的关系，消费者付出一定的经济代价后，认为有权利得到相应价值的服务；商家也有义务提供与价值匹配的相应服务，因此商家有义务对消费者的抱怨与批评进行正面、有效的回应，解决彼此可能存在的冲突。本书语料分析显示，在选择了修复和提升双方关系的基本取向之后，商家通过陈述、承诺等言语行为建构了尽力负责型身份，尽力维护消费者的权利，尽可能赋予对方自主权、主动权和联络权，通过这样的身份策略来避免双方可能存在的关系冲突与僵化，修复和维护双方的关系。也就是说，商家通过一定的言语行为建构了尽力负责型身份，从权利与义务维度对双方的关系进行了有效管理。

9.2.4　情绪维度管理

陈新仁（2018）认为，交际者在选择了关系管理取向之后，会选择尽可能照顾消费者的情绪或者尽可能恶化对方的情绪。在网络公开互动中，当消费者对商家的服务不满而产生一些负面情绪时，商家需要建构适切的语用身份对这些负面情绪进行有效管理。如果消费者的负面情绪得不到有效纾解，则会有损双方的和谐关系。在一般情况下，商家为了维护与消费者的良好关系，会选择对其负面情绪进行安抚和纾解。本书语料分析发现，绝大多数商家在对差评进行回应的过程中，会选择通过致谢、道歉、承诺等言语行为建构诚恳认错型、补偿让利型、尽力负责型商家身份，尽可能照顾消费者的负面情绪，让对方失望和抱怨的情绪得以缓解，避免彼此的潜在冲突，然后采用邀请、感谢等言语行为建构热情服务型商家身份，提升彼此的关系，希望对方今后能继续惠顾，同时也通过礼貌诚恳的交流态度争取更多的潜在消费者。

9.2.5　交际目标维度管理

在确定关系管理取向之后，交际者会选择尽可能推进交际目标（对方需求或彼此需求）或者尽可能妨碍交际目标（对方或彼此需求）。在话语互动中，交际者总是带着一定的交际目标而发出相应话语，为了达到特定的交际目标，交际者会选用适切的语言资源，建构适切的语用身份，从而更好地达成交际目标（陈新仁，2018）。在网络公开交际语境下，商家为了建构自身的良好形象、维护与消费者的良好关系，极有必要对交际目标进行积极管理。本书语料分析发现，商家在应对消极评论时，会尽可能推进交际目标，满足对方的需求，采用适切的言语行为建构诚恳认错型身份，接受消费者提出的批评；建构尽力负责型商家身份，解决消费者提出的问题并承诺改进，同时建构补偿让利型商家身份，尽可能满足对方的诉求，给予对方补偿或让利，从而有效管理与消费者的关系。

9.2.6　礼貌评价维度管理

陈新仁（2018）认为，如果特定交际行为被认为旨在提升彼此的人际关系，则往往被评价为礼貌行为，反之则往往被评价为不礼貌行为，其他行为则处于二者之间。从本书语料分析可以看出，商家采用适切的言语行为所建构的语用身份，大多是为了积极回应消费者的抱怨与不满，尽力补偿消费者所蒙受的损失等，从而有助于修复和提升彼此的关系。陈新仁

（2018）认为，无论是（不）礼貌的评价，还是人际关系管理的取向，抑或是人际关系管理策略的选择，还是在言语行为域、话语域、参与域、语体域、非言语域进行的各种（非）话语选择，都发生在并取决于交际双方所处的语境，支配该语境的是彼此（认为与对方）共享的社会秩序或道德秩序。

9.3　本章小结

本章在第 5 章身份建构与和谐关系管理的理论框架的基础上，从面子维度管理、利益维度管理、权利与义务维度管理、情绪维度管理、交际目标维度管理、礼貌评价维度管理等维度，分别对网络差评语境下商家回应中的身份建构与和谐关系管理过程进行了阐释。语料分析显示，在网络公开交际语境下，商家倾向于采用不同的言语行为建构适切的语用身份，从不同维度对双方的关系进行管理，其目的是缓解潜在冲突，更好地修复或提升双方的关系，维护自己良好的网络形象，从而争取到更多的潜在消费者。

第 10 章

商家网络身份建构与和谐关系管理：批评语用分析

10.1　商家积极身份的和谐关系管理

言语交际的互动过程就是说话人基于人际"和谐"与"不和谐"的取向选择而体现在对话语域及话语策略等方面的选择（Spencer-Oatey，2000，2002，2005，2008）。我们运用访谈法，对十位受众进行了访谈，从受众角度和分析者角度对商家所建构的语用身份在关系管理过程中的效果进行评判和分析。首先从收集的网络互动语料中选择了十段包含致谢、道歉、承诺、请求、陈述、解释、祝愿、邀请、建议等有利于关系修复和提升的言语行为的回应语料给十位受众进行阅读和评判，并进行了针对性的访谈，访谈的问题包括："您面对商家这样的回复有何种感受？为什么会有这种感受？"随后，访谈的语料经过录音转写成文字材料，并展开本节的分析。

10.1.1　积极身份的面子维度管理

访谈语料显示，消费者认为这些回应中的言语行为所建构的积极商家身份体现了商家的良好形象和风度，有助于双方关系的修复和提升。比如有受众在访谈中说道："我觉得这些商家回应的方式都比较好，看起来让人感觉比较舒服……首先不管人家服务上存在哪些问题，他们开口就表示歉意，承认自己服务的不足，这种谦虚诚恳的态度就让人感觉舒服。中国不是有句古话嘛，叫作'伸手不打笑脸人'，不管人家犯了什么错，他们的态度都比较和善，那么问题基本上就解决了一大半。因为面对顾客的抱怨和批评，他们没有直接否认或者指责……"从受众的访谈语料可以看出，在面对消费者的批评、抱怨等负面情绪时，商家选择采用道歉、致谢、承诺、邀请等言语行为，建构了诚恳认错型商家身份，对消费者提出的批评和抱怨表示虚心诚恳地接受，维护和认可消费者作为值得尊重的贵客的社交身份面子，从而尽可能地修复和提升与消费者的关系，获得消费者的认可，商家从面子维度对自己与消费者的人际关系进行了有效管理，取得了较好的关系管理效果。

10.1.2 积极身份的利益维度管理

根据受众访谈的语料，我们可以发现，商家采用适切的言语行为所建构的积极语用身份，还从利益维度对双方的关系进行了有效管理。比如有受众在访谈中说道："顾客给了差评，在网上提出抱怨，一般的原因应该是商家的服务有哪些地方让顾客不满意了吧……我看这些回应里面，有些商家对顾客提出来的问题认真对待，态度很好，然后有些确实让顾客吃亏或受了损失或委屈的地方，也主动提出给予一定的优惠或者让利，对顾客应该享受的利益予以较好的保障……"也就是说，商家采用道歉、承诺等言语行为建构了补偿让利型商家身份，表示愿意对消费者感觉不满意的服务进行补偿，有效保障了消费者的利益，消费者比较认可商家的这种补救措施，因此不会再纠缠，反而会对他们的这种做法和树立的商家形象表示满意和认可。陈新仁（2018）认为，交际者在确定双方的关系管理取向之后，会选择尽可能给予对方利益或剥夺对方利益。通过这样的语用身份策略，商家主要是尽可能对消费者的损失进行有效补偿和让利，从而较为有效地修复和提升与消费者的关系。

10.1.3 积极身份的权利与义务维度管理

访谈语料显示，商家采用一定的言语行为所建构的积极形象，也在权利与义务维度进行了有效管理。比如有受众在访谈中说道："商家与消费者之间本来存在着服务与被服务的权利与义务关系。商家开店，就是为了在给消费者提供服务的同时赚取一定的利润，他们有义务为消费者提供与赚取的利润相对等的服务；而消费者花钱去买服务，他们也有权利去享受商家的服务。如果消费者对商家所提供的服务不满意而提出了抱怨，可能是商家没有很好地尽到服务的义务，那商家肯定要对此负责……""商家如果想办法很好地对顾客进行回应，承认自己的义务，并满足了消费者的要求和享受相应价值服务的权利，那顾客应该就没什么好说的，这些例子里面的回应，都是合情合理地解决了这些问题，如果我是这些顾客，那我基本上也没啥可说的了，表示理解……"商家通过一些有助于修补双方关系的言语行为建构了尽力负责型商家身份，对双方的关系进行了有效管理。对于顾客的抱怨与批评，商家有义务进行正面、有效的回应，解决彼此可能存在的冲突。本书语料分析显示，在选择修复和提升双方关系的基本取向之后，商家通过阐述、承诺等言语行为建构了尽力负责型身份，尽力维护消费者的权利，尽可能赋予对方自主权、主动权和联络权，通过这样的身份策略来避免双方可能存在的关系冲突与僵化，修复和维护双方的关系。

10.1.4　积极身份的情绪维度管理

前面访谈语料中提到，绝大多数商家在回应时采取了比较好的沟通态度，谦虚、低调又热心地对消费者所提出的问题进行解释，并适当弥补对方的损失。比如有受众在访谈中说道："即使这样，也没关系，只要商家态度好一些，及时地进行补偿或补救，一般人家就不会再耿耿于怀了吧。我看这些回应里面，有些商家对顾客提出来的问题认真对待，态度很好……这样的话，顾客心里会好受一些，应该也不会过分与他们计较了……"陈新仁（2018）认为，交际者在选择了关系管理取向之后，会选择尽可能照顾对方的情绪或者尽可能恶化对方的情绪。语料分析发现，绝大多数商家在对差评进行回应的过程中，会尽可能照顾消费者的负面情绪，从而修复和提升彼此的关系。

10.1.5　积极身份的交际目标维度管理

关于交际目标维度的管理，也有受众在访谈中说道："我觉得商家这样客客气气的，又是道歉，又是补偿，又是承诺，又是邀请和祝福的，给人感觉非常礼貌到位，一般情况下，沟通完了之后就不会有什么问题了吧……基本上没毛病了，我觉得。因为大家都是讲道理的嘛，顾客也是有素质的人，不会无理取闹……"在确定关系管理取向之后，交际者会选择尽可能推进交际目标（对方需求或彼此需求）或者尽可能妨碍交际目标（对方或彼此需求）。语料分析发现，商家在应对消极评论时，会尽可能满足对方的需求，采用适切的言语行为建构诚恳认错型、尽力负责型及补偿让利型等商家身份，接受消费者的批评，尽力解决消费者的问题，或给予对方补偿，从而有效管理与消费者的关系。

以上访谈结果表明，商家采用各种有利于双方关系修复和提升的言语行为所建构的身份，有效地从面子维度、利益维度、权利与义务维度、情绪维度和交际目标维度进行了关系管理，起到了较好的关系管理效果，受到了访谈对象们的认可。下面我们选取商家负面消极身份建构的回应语料，对访谈对象进行访谈。

10.2　商家消极身份的和谐关系管理

根据第 6 章的理论框架建构和第 5 章研究方法部分的论述，我们又选了十段带有威胁、嘲讽、挖苦、詈骂等言语行为的商家回应话语语料，给十位访谈对象阅读，并询问他们的感受和评价，以期从消费者的评价角度来考察这些言语行为所建构的商家形象和身份对双方关系的管理效果。访谈的问题包括："您面对商家这样的回复有何种感受？为什么会有这种感受？"随后，访谈的语料经过录音转写成文字材料，并展开本节的分析。

10.2.1　消极身份的面子维度管理

访谈语料显示，消费者认为这些回应中的言语行为所建构的商家形象无法体现商家的良好风度，显得比较苛刻和不礼貌，可能会导致双方关系恶化和破裂。从受众的访谈语料可以看出，在面对消费者的批评、抱怨等负面情绪时，有些商家没有采用道歉、致谢、承诺、邀请等言语行为，虚心诚恳地接受消费者提出的批评和抱怨，而是采用谩骂、讽刺、挖苦或否认的方式进行回应，极大地损害了消费者的社交身份面子。如此一来，双方的关系将被推到一个比较尴尬的境地。商家从面子维度对自己与消费者的人际关系进行了负面管理，取得了不尽如人意的关系管理效果。

10.2.2　消极身份的利益维度管理

根据受众访谈的语料，我们可以发现，商家采用负面言语行为所建构的消极语用身份未能从利益维度对双方的关系进行有效管理。比如有受众在访谈中说道："顾客给了差评，在网上提出抱怨，一般的原因应该是商家的服务有哪些地方让顾客不满意了吧……但是商家态度如果这么差的话，即使是自身服务或产品没有太大问题，顾客也会觉得商家的素质不高，态度恶劣……反正我作为一个消费者，我肯定觉得这样的回应不可接受，他们根本不考虑消费者的利益嘛……"也就是说，商家采用拒绝、否认、谩骂等言语行为建构了负面商家身份，并未对消费者感觉不满意的服务进行补偿，也未能有效地对消费者的利益进行保障。因此，消费者肯定无法认可商家的这种态度，对他们的这种做法和树立的商家形象肯定也不会满意和认可。这样的负面身份建构不仅无法有效地修复和提升与消费者的关系，反而会破坏双方的关系。

10.2.3　消极身份的权利与义务维度管理

访谈语料显示，商家采用一定的负面言语行为所建构的消极形象无法从权利与义务维度进行有效管理。比如有受众在访谈中说道："商家如果态度非常蛮横，采取詈骂、拒绝、讽刺、挖苦等方式来回复消费者，这个再怎么也说不过去，反正我是无法接受的，肯定要远离这样低素质的商家……"商家建构的消极身份对双方的关系可能存在破坏作用，因为他们没有很好地处理好自己与消费者的权利与义务关系。从商家与消费者的权利与义务角度来看，商家与消费者存在服务与被服务的关系，消费者付出一定的经济代价后，有权利得到相应价值的服务，商家也有义务提供与价值匹配的相应服务，如果回应不当的话，不仅有损商家的形象，还会导致双方关系僵化。

10.2.4　消极身份的情绪维度管理

访谈语料中提到，商家恶劣的态度不利于消费者的情绪管理。比如有受众在访谈中说道："我看这些回应里面，有些商家对顾客提出来的问题不仅没有认真对待，而且态度还很恶劣……这样的话，顾客肯定无法接受……"语料分析发现，少数商家采取了比较粗鲁和恶劣的方式对消费者进行回应，这样的方式建构了比较恶劣的商家形象，肯定会对消费者的情绪产生较大的冲击，不利于双方关系的良好发展。

10.2.5　消极身份的交际目标维度管理

关于交际目标维度的管理，有受众在访谈中说道："我觉得商家采取这样粗鲁的态度来回应消费者，肯定不太合适吧，太伤感情了。长此以往，肯定对商家不利。我们旁观者看到商家的素质这么低下，谁还敢去消费呀？咱们出钱是为了享受比较好的舒心服务，谁会愿意花钱买罪受……"在确定关系管理取向之后，交际者会选择尽可能推进交际目标（对方需求或彼此需求）或者尽可能妨碍交际目标（对方或彼此需求）。也就是说，商家采用负面言语行为所建构的消极语用身份，是无法顺利达成双方良性沟通的交际目标的。

10.3　批评语用学视角下的商家身份建构与和谐关系管理

第5章提到，陈新仁（2013）在借鉴了批评话语分析的方法和Jef Verchueren提出的语用学理论服务公共话语的基础之上，提出了批评语用分析的研究思路。首先，寻找并确定含有语用批评"价值"的话语，比如带有权力压制、（种族、性别、地域等方面的）歧视、欺诈、语言暴力或带有低俗价值观念等消极意义的话语，或具有文明、和谐色彩等积极意义并值得推崇推广的话语。其次，从话语内容或语用—语言特征（或话语方式）上对选定的话语进行分析，考察话语内容顺应的语境因素（包括社交世界、心理世界等因素）（Verschueren，1999），以社会语境中普遍被认可、肯定、提倡的基本伦理、法则、规范等作为标尺对相关话语进行批评或评论。再次，从话语方式上借鉴预设理论、指示语理论、指称理论、言语行为理论、面子理论、含意理论等语用学理论，结合话语发生的微观语境，考察目标话语的话语方式与规约话语方式或其他可能的表达方式之间存在的社会意义或情感意义差别，揭示交际者的隐蔽意义或意图。运用语言顺应论或其他语用学相关理论，对特定话语顺应或涉及的意识形态加以分析，剖析交际者的语用动机，进而对其展开批评性评价和评论。最后，针对话语的使用情况或凸显的问题，提出话语使用的针对性建议或对策，以促进话语的规范、文明、和谐使用，推动人际关系或社会和谐发展。

从前面的受众访谈分析我们可以看出，商家在面对网络差评时，通常会选择积极的言语行为来建构积极的商家身份，提升与消费者的关系，建构良好的商家形象，获得潜在消费者的认可。而如果选择使用一些消极的言语行为，建构了一些消极的商家身份，则很有可能激化与消费者的矛盾，不利于解决问题，同时也很容易破坏商家的良好形象，给消费者和潜在消费者留下不好的印象。因此，从批评语用学视角来看，商家应该尽可能采用积极的言语行为，建构良好的商家形象，修复、维持或提升与消费者的关系。

商家在应对消费者的抱怨时，应该对交际情境及损益进行正确评估，并确定合理的或最优的关系管理取向。由于大众点评网等网络平台是能为广大消费者提供消费指南和借鉴的公开平台，很多潜在消费者通常会关注差评中提到的问题是否真实，是否会影响自己的消费体验，商家的回应态度和服务品质如何。在这种特殊的语境下，商家对这些负面评论的回应话语及策略就显得尤为重要。因此，商家应对双方的关系进行修复或提升，同时尽力在其他潜在消费者的眼中树立良好的商家形象。

交际者一旦选择了正确的关系管理取向，就应该对听话人的面子、利益、权利与义务、情绪、交际目标等维度进行积极管理，尽可能地满足消费者在这些方面的需求。当遭到批评和抱怨，商家的面子受到威胁时，如何进行面子的管理，维护彼此的关系，是商家必须考虑的问题。商家和消费者是服务与被服务的关系，彼此之间存在一些利益及权利与义务的关系，商家必须从利益及权利与义务的维度进行有效的策略应对，才能达到关系管理的目标。顾客在抱怨时，必定带着一些负面情绪，商家必须从情绪维度进行管理。此外，交际目标是解决问题，维护商家的良好形象，商家也应该从这个目标维度进行管理。

面对说话人的话语选择，陈新仁（2018）认为，听话人会依据当下语境的社会秩序或道德秩序对说话人发出的话语从（不）礼貌角度进行评判，也会对其背后的关系管理取向进行评估。其涉及的语境因素既包括交际双方相关的自身因素，如权势关系、社会距离、互动角色、参与人数；也有交际任务的因素，如强加幅度、损益方向；还有当前交际发生的时空、环境因素；此外还有交际双方信守的交际互动原则、语用—语言规范、活动类型等。商家有责任和义务提供与其商品价格相对等的服务，而消费者则有权利享受与价格相匹配的服务；如果消费者对商家提供的服务不满意并提出抱怨或意见，商家作为服务的提供者和利润的赚取者，应该对消费者提出的问题进行解释。如果商家对消费者提出的意见视而不见，或者采取恶劣的态度或容易引起对方不愉快的方式来沟通，是不符合当下的社会秩序和道德秩序的。这样做不仅不利于商家建构自身的良好形象，还会使双方的关系恶化或破裂，最终对商家产生不利后果。鉴于以上分析，本书建议商家在面对消费者的质疑或抱怨时，应尽量通过积极的言语行为建构积极的语用身份，这样一来，消费者会对商家使用的言语行为和语用策略背后的关系管理取向进行评估，评估的结果（即礼貌或不礼貌）会对人际关系产生正面和积极的影响。此外，商家在确定了具体的关系管理维度之后，应该诉诸各种语言语用策略对当前的交际关系实施管理。语言语用策略涉及很广，彼此相辅相成，不能完全割裂。建议商家在面对消费者的指责或抱怨时，应尽量采取道歉、致谢、承诺、解释、陈述、邀请、请求等言语行为来进行有礼貌的回应，建构正面积极的语用身份，积极修复、维护和提升彼此的关系，从而顺利实施双方的和谐关系管理，最终达到自己的交际目标，更好地赢得顾客的信赖。

10.4　本章小结

本章在批评语用学视角下语用身份建构与和谐关系管理的理论框架基础上，采用批评语用分析视角，结合受众访谈，分别对商家建构的积极身份和消极身份进行批评语用分析，对商家身份建构的适切性进行分析。研究发现，商家在面对网络差评时，如果选择积极的言语行为来建构积极的商家身份，将明显有助于提升与消费者的关系，同时有利于建构良好的商家形象，获得潜在消费者的认可；而如果选择使用一些消极的言语行为，建构一些消极的商家身份，则很有可能会激化与消费者的矛盾，不利于解决问题，同时也很容易破坏商家的良好形象，给消费者和网络潜在消费者留下不好的印象。因此，从批评语用学视角来看，商家应该尽可能采用积极的言语行为，积极建构良好的商家形象和身份，这样才能有效地修复、维持或提升与消费者的关系。

结　语

11.1 主要发现与结论

本书基于商家与消费者网络评论与互动的一手语料，聚焦于商家对差评进行回应时采用的言语行为、建构的身份类型、关系管理效果以及适切性等问题。根据语料分析，我们发现商家倾向于采用道歉、致谢、承诺、请求、陈述、解释、祝愿、邀请、建议等言语行为，其内容主要是商家对消费者的不满意体验进行道歉、感谢消费者惠顾或给予评论、承诺解决问题并提高服务水平和质量、请求对方原谅或给予改进的机会、陈述经营理念、解释原因、祝愿顾客顺利愉快、邀请顾客再次惠顾、对消费者点菜或吃菜的方式进行建议等。除以上几类言语行为以外，语料中还发现少量其他种类的言语行为，如威胁、拒绝、詈骂、嘲讽、警告等。

根据统计，我们发现200条商家网络差评回应话语中，共计涉及言语行为2 187个。在商家的网络差评回应话语中，致谢言语行为使用数量最多，道歉言语行为、承诺或保证言语行为、陈述言语行为、解释言语行为、请求言语行为、祝愿言语行为、邀请言语行为、建议言语行为分别排在第二位至第九位。在网络评论的回复中，积极言语行为的占比为98.5%左右，具有较好的人际关系维持或修复效果，商家通过这些言语行为建构了较为正面的身份，包括诚恳认错型、补偿让利型、尽力负责型及热情服务型。虽然也有商家采用一些消极的言语行为进行回复，建构了消极的商家身份，包括严正交涉型、粗鲁无礼型及劝诫警告型，但数量较少，仅占总数的1.5%左右。也就是说，绝大多数商家在面对消费者的差评时，仍然保持较为良好的态度和风度，尽可能维持与消费者的关系，同时建构自身的良好形象。

根据商家在网络差评回应话语中所使用的言语行为类型，我们发现商家主要建构了两种类型的商家身份，一类是积极商家身份，另一类是消极商家身份。绝大多数商家选择了建构积极身份，仅有少数商家建构了消极身份。绝大多数商家均意识到网络口碑的重要性，竭尽全力维护与消费者的良好关系，及时妥当地处理相关问题，同时由于网络形象管理意识的提升，他们也会尽可能建构良好的形象和身份，吸引更多的潜在消费者。

为了考察商家所建构的身份策略在网络互动中的适切性，我们从批评语用学视角采用受众访谈的方法来进行评价。具体做法是，分别选择了十则包含积极身份建构的语料和十则包含消极身份建构的语料，请受众阅读，并分享感受和看法。访谈结果显示，商家在面对网络差评时，如果选择积极的言语行为来建构积极的商家身份，将明显有助于提升与消费者的关系，同时有利于建构良好的商家形象，获得潜在消费者的认可；而如果选择使用一些消极的言语行为，建构消极的商家身份，则很有可能会激化与消费者的矛盾，不利于解决问题，同时也很容易破坏商家的良好形象，给消费者和潜在消费者留下不好的印象。因此，从批评语用学视角来看，商家应该尽可能采用积极的言语行为，建构良好的商家形象和身份，这样才能有效地修复、维护或提升与消费者的关系，从而在商品服务日益丰富、商业竞争日益激烈、服务意识日益增强的商业社会中占有自己的一席之地。

11.2　研究不足及展望

本书的主要缺陷主要体现为：①本书的语料收集主要采用了第三方网站如大众点评网的语料，而且只收集了 200 条，数据量不够大，研究结果可能还存在一定的局限性；②本书尝试建构的批评语用学视角下的身份建构与和谐关系管理框架是一次初步尝试，由于水平有限，可能存在不足之处，有待今后进一步完善；③对于身份建构的动因阐释及批评语用分析的深度还不够，有待今后进一步完善。

未来完善的方向主要包括：①进一步收集多渠道的网络评论互动语料，增加数据的基础量；②采用语料库及统计分析软件展开分析，提高研究结果的信度和效度；③进一步完善批评语用学视角下的和谐关系管理分析框架；④进一步分析商家身份建构的深层动因。此外，还可进一步深入探讨网络话语的身份建构与关系管理问题。本书权作抛砖引玉之作。

附　录　部分语料

顾　　客：这次感觉菜品性价比不太高，有点失望。来自主厨的家乡
菜——招牌激情土豆真的是招牌了。之前来也是，最小尺寸的
比萨，底很脆⋯⋯

商家回应：感谢您的再一次光临！每次的菜单都是主厨创意和食材的完美
结合，很开心有您喜欢的菜品，我们已经再次更换了菜单，期
待您的再次光临！

顾　　客：××的商家，差评就过来威胁，还不承认。

商家回应：您好，这个不是我们的员工。对于威胁您的人，您可以选择报
警。对于恶意点评，我们保留采取法律手段的权利。

顾　　客：环境还行，服务不错，外国主厨也很帅。但！你这食物的原材
料放了多久请问，我这是有史以来吃完后，上吐下泻的第一
次！上吐下泻！也是"醉了"。

商家回应：再次表示抱歉。

顾　　客：这一家的菜的样子是挺好看的，像模像样。可惜一点儿都不好
吃。没有一份我是吃完的，大部分的菜里都有土豆，不知道是
为什么。这个价格吃这样的食物，不值。南京的西餐堪忧。

商家回应：麻烦您告诉我您的电话可以吗？我们这边向您核实一下情况，
调查后向您作出解释！谢谢！！！

顾　　客：口味真的很一般，1 800 元一位连和牛都没有，希望商家再努
力吧。

商家回应：您好，这边给您带来的问题，跟您说声抱歉。我们的菜品会不

定期地更换，可能那天没让您吃到和牛！下次您订位的时候可以提前说明一下，我们会帮您备注一下！敬请谅解哦！

顾　　客：服务还行，装修有古风风格，但是很……餐具和纸巾都脏。最后，重点批评菜品，最基础的酸汤鱼都那么差，整体菜品跟火车站门口的快餐一样的感觉，鱼差肉烂酒太甜……打铁还要自身硬，花里胡哨的。

商家回应：客官您好，非常感谢您光临小店，小店倍感荣幸！对您用餐过程中的不满意，小店非常抱歉，针对您反馈的菜品问题，小店非常重视并立即反馈给厨师长，定会立马改进并加强监督。小X期待您再次小聚HQZ，对我们的菜品进行检查，祝您生活愉快，阖家欢乐！

顾　　客：差到极点！盘子是坏的，刚刚翻台，餐具收拾后也没有人擦一下桌子，喊了阿姨来用一个湿答答的抹布"呼呼"一擦就走，也不上餐具，后来匆匆上餐……

商家回应：首先欢迎您光临小店用餐，同时感到非常抱歉，是小X的错让您失望了。有了这样不愉快的用餐体验，也是小X的失职，没有给小伙伴们培训到位，实在对不起，还请您消消气。您反映的问题小店非常重视，已经反馈给运营总监，定会做出严厉的整改方案！小店定会加强培训，提高服务人员的服务技能和服务意识，坚决不允许类似现象再次出现！真心向您说声对不起，还望客官能给小店一次改进的机会。这是小店负责人电话：136××××××××，还望能与您取得联系亲自向您道歉，欢迎您随时致电，定会给您一个满意的答复。再次向您说声抱歉。祝您生活愉快、事事顺心！

顾　　客：号称帝王蟹不限，等于没有吃到，窗口刚开始说先处理波龙，帝王蟹等一会儿。他家就没有澳龙，等澳龙？？？全程两小时过来无数次排队，只见过一次帝王蟹，队还没排完就说没有了，让过十五分钟再来，过了十分钟说今天已经没有了？？？鳌虾变味了，壳都软了。我都有点不敢相信，重新拿了一份鳌虾，嗯，还是坏的。

商家回应：尊敬的贵宾您好，我是夏问水产长 YK，电话：178××××××××，感谢您对夏问 XW 的点评，我们有波士顿龙虾和小青龙，澳龙是没有的，我们也未对外有过此菜的宣传。部分产品是现场操作，所以会出现排队现象，还请您谅解。我们会总结改进，给您带来了不好的体验，我们深感抱歉。我们一定及时改正调整。祝您生活愉快！

顾　　客：一般般吧。服务态度不好。厨师都不爱理人的。

商家回应：尊敬的贵宾您好！感谢您对 ML 餐厅的点评，在服务上我们有很多监管不到的地方，我们会总结改进，给您带来了不好的体验，我们深感抱歉。我们一定及时改正调整。祝您生活愉快！

顾　　客：中餐西做还自称什么淮扬菜？拿个痰桶炒菜能不能也叫创新？MT 的黑珍珠简直就是谁给钱谁上，这种形式大于口味、装修大于美食的餐厅谁傻谁去吧。用一整部电视剧打广告也真是"醉了"。

商家回应：亲爱的顾客您好，看到您的评价我们感到非常遗憾！我们是创意淮扬菜呢，相信口味也是得到大部分食客认可的！黑珍珠是大众评审团公平选出来的哦。再次对您的不满意表示遗憾，我们也会不断提升自己的！谢谢您！

顾　　客：枉费了我和男友的"吃心一片"。光好看不好吃并不行啊……

商家回应：很抱歉给您的用餐带来不愉快的体验，我们也会更加坚定地去提升自己，争取得到大家的充分认可，还是非常感谢您选择 ESSD 用餐，祝您生活愉快！

顾　　客：上菜非常慢，服务员态度恶劣，没去预订还要五百元。人均三百元吃得真的很一般。食材也不新鲜。

商家回应：尊敬的顾客您好，感谢您选择 LZXW。很抱歉这次的用餐体验未能达到您的预期，给您带来的不愉快，我们深感歉意！您所反映的问题我们已作记录并十分重视，我们一定会加强对前期预订方式的把控。非常期待您的再次光临，相信我们会给您不一样的体验！

顾　　客：因为其他餐厅排队很长，于是看着门口这家比较干净，就想简单吃个中饭。结果大失所望，只能说这是一家图片很美好、实物差距十万八千里的餐厅。我想店家错误地理解"Q劲"和不熟的区别了，小学生意面吃了一口就不吃了，我勉强吃了半碗之后胃难受得很，小吃也很差劲。

商家回应：亲爱的顾客您好，我是BLS的主管JS，非常感谢您对我们餐厅的反馈，也感到万分的抱歉，没能提供给您一个满意的用餐体验。意面我们都会做得比较劲道，有别于中式餐，请您放心食用。有任何的意见都可以随时跟我们的工作人员进行反馈哦。期待您的再次光临，我们可以根据您的口味给您煮得比较软一些。有任何需要可以拨打我们的电话：85×××××，BLS祝您生活愉快！

顾　　客：情人节去的。说实在，不咋样，骗骗无知少女，量少，吃不饱，没特色，最好吃的海鲜烩饭（好像是这个名字）不如任意沙县小吃的扬州炒饭。也就环境还行，过节吃个意境吧。

商家回应：亲爱的顾客您好，我是×××餐厅的主管J，看到您的评价也是万分的痛心和抱歉。当日的情人节我们也是非常用心，用玫瑰泉花瓣和发光气球进行了装饰，给每一位到店的客人提供优美舒适的环境。西班牙当地的特色小吃每一份都会是小小的哦，这样可以一次尝试多一点的小吃，有更多的选择。我们的西班牙海鲜饭用的是西班牙粳米，淀粉含量高，韧劲十足，搭配草虾、新鲜的膏蟹、青口贝、大目鱼、藏红花。不知道您更喜欢什么口味的菜品，我们可以根据您喜欢的口味进行推荐哦。非常期待您的再次光临，可以一起探讨西班牙美食，每周一我们还有小吃半价的超优惠的活动哦。期待您的再次光临，

×××餐厅祝您生活愉快！

顾　　客：服务和环境都满分。主要是菜品。烤羊架是唯一吃得下嘴的，还可以，不腻。但鹅肝，这种食材做半熟，有没有寄生虫先不说，一点下口的欲望都没有了。

商家回应：感谢您光临本店！邀请您免费尝试我们家的特色 Tapas 黑松露蘑菇奶油球，或者您也可以再次尝试一下鹅肝配苹果哦。

顾　　客：可能第一次来你家不会点菜，点的全是你家实习生做的，全程都在听妹妹说难吃。

商家回应：感谢您的光临及点评，在享用美食的同时，让每一位客人都有一段愉悦、难忘的用餐经历，是我们 ES 一直在努力追求、做好的一件事。我们用心服务好每一位客人，让您有了不愉快的用餐心情，我们感到十分抱歉。ES 每一道菜都是经过严格要求精心烹饪而成，下次您光临，我们会更用心为您提供服务，为您推荐、讲解、挑选适合您口味的美食，满足您的味蕾需求。我们的牛排可是选用来自 Ranges Vally 的精选安格斯牛肉。这款牛排的特色是不仅可以让人感受到其柔嫩的肉质，细嚼之下，还有来自牧场特有的风味，让人欲罢不能。餐厅会定期更新菜单。欢迎下次光临品尝，期待能再次为您提供服务。

顾　　客：第一次写点评，体验感很差，由于是周年纪念日，提前拜托商家帮忙简单布置一下桌子，到了一看只是放了个类似蚊帐的纱布在桌子上，一点儿心意都没有。不小心碰到一个杯子，毫无理由让赔了 100 元，你这杯子是水晶做的？菜品不仅难吃还难看，牛排七分熟跟三分熟一样，还油得要死，两个人吃了 1 000 元，只能说不值！！！另外天气这么冷，能舍得暖气温度打高一点儿吗？

商家回应：感谢您选择在 YKJ 用餐。关于您反馈的问题，我们了解情况后感到非常抱歉，对于您提出的布置要求，我们已经全心全意地进行布置，却依旧没能得到您的喜欢，我们深感愧疚！关于您提到的酒杯打碎的事情，我们也想对此事稍作解释，当晚您打碎的酒杯确实是产自意大利的水晶杯！当然可能最让您不满意的地方是菜品口味，牛排的熟度以及口感问题我也很诧异。因为我们最让所有客人喜欢的就是我们的牛肉类产品。当然不管怎样，没有给您提供一个满意的就餐环境，是我们的失职。如若您还有机会来 YKJ 用餐，请随时提前联系我，餐厅经理 LN：182××××××××，我会尽心尽力地全程服务您的用餐！

顾　　客：提前打电话预订，预订到 19：30，明确说会安排座位。到了之后告知需要等号，跟没有预订的一起排号，那预订座位还有什么意义？生意这样做？

商家回应：对于您的不满我们非常抱歉。当晚由于用餐人数众多，餐厅不得不安排排号制，对于预订沟通内容，我们会告诉每一位当晚用餐的客人并安排座位，尤其是在 18：30 至 19：30 用餐的客人，餐厅当晚接待流程是不能确保留有餐桌。希望您能理解。非常抱歉！

顾　　客：体验感真的很差了。提前一星期打电话预订了，说窗边座位没办法预留，去到现场明明有窗边的空位，又跟我说那是预订的座位。我们坐着半小时了，叫了两次点餐也没有人给我们点，比我们晚到的客人都点完了，还没给我们点餐。

商家回应：非常抱歉当晚没能让您有满意的用餐体验！当晚餐厅接待的客人数量很多，我们可能在服务和接待工作上没有做到尽善尽美，希望能得到您的理解。如若还有机会来餐厅用餐，我们会尽心尽力为您提供最优质的服务和最佳的菜肴！

顾　　客：讲真，一颗星都不想打，太差了，完全在坑人。

商家回应：谢谢亲的点评！亲不喜欢这次点的菜品，下次可以来尝一下我们的其他菜品。我们的羊肉都是呼伦贝尔草原牧场直供的，肉质都是有检测报告的，羊肉串和羊肉水饺都是当天现做的，肉质新鲜美味，肯定有一款可以满足亲的。不足之处我们也会改进。再次感谢您的光临！

顾　　客： 三人消费 420 元，最好吃的羊肉串、羊肉基本都是假的，除了最贵的羊脖肉，其他切片的都是合成的、假的。小料芝麻酱的味道也不对，不知道里面添加了什么，最关键的是今天拉肚子了。唉，怪不得生意很差。

商家回应： 贵宾，您好，请问您现在的身体怎么样了？还有什么不舒服的地方？当天您是否吃过别的食物呢？首先，我们的羊肉和羊肉串使用的肉都是当天草原牧场直接空运过来的，我们的口味和品质都是有保证的，所以您说的品质问题，欢迎贵宾以任何方式来验货呢，如果您觉得咱们家的羊肉串不合您的口味。可以来品尝我们的其他菜品，肯定有一款能满足您的口味，欢迎您的再次光临，我们下次一定会让您满意。祝您生活愉快！

顾　　客： 这店以前来过一次。比萨便宜，微信加会员，咖啡只要一块钱。今天到得有点迟，六点多才到。一元咖啡得 5 点前才能享用。所以我只点了份比萨。然而，也不能从头到尾一杯白开水都不给我倒吧?! 我干巴巴地噎进两片比萨就吃不下去了。服务有待改善。

商家回应： 亲爱的朋友您好！谢谢您选择我们餐厅，您所反映的问题我们会重点关注，希望能再次见到您。祝您生活愉快！

顾　　客： 价格适中，但口味真的一般。点了汉堡，汉堡的面包比较硬，口感比较差。鸡翅也没有评价中说的好吃，比较咸，且骨头上带血。不追求口感的人可以来这儿感受。场地很大，上下两层，人也比较多。桌面点餐，啤酒可自选。

商家回应： 亲爱的朋友您好！我是 XP，很抱歉给您带来不好的感受，关于您反馈的问题，我们非常重视，我们的客服专员已经私信加您，希望能与您取得联系，谢谢！

顾　　客： 刚开业就去吃了，跟现在落差太大，一盘竹蛏只有以前的一半，海胆也没吃到，不开心。

商家回应： 你好，最近大连本土刮台风，很多海鲜不能稳定供应，不好意思。另外，我看了一下您拍的竹蛏照片，数量是没有问题的。欢迎下次光临。

顾　　客： 来省中医院看咳嗽，断断续续咳了一两个月了，没好透。中午试试附近这家。八宝狮子头，黑猪后腿肉做的，好吃！金陵脆皮烤鸭，差评！差评！差评！重要的事情说三遍！无敌无敌肥腻！看看图三的肥油。

商家回应： 感谢亲爱的贵宾到店用餐，感恩您提出的宝贵意见，小编这边马上去向厨师长反映您提出的问题。小编感到十分抱歉，在餐中没能发现您所说的这些问题并及时帮您解决。我们一定会积极整改，让您有更好的用餐体验，小编也希望下回这样的菜肴意见客官能及时地向我们反映，我们好即刻跟进。期待您的下次光临，见证我们的进步！

顾　　客： 没有真诚只有套路，他们穿黑衣服的领班模样的女的强势得不得了，问了3遍你们这个公众号注册会员后就是菜单会员价吗？不理，最后一遍回答了：不是，是188元那个！走了！188元什么？啥样不说牛气什么！套路这么多！菜也一般！

商家回应： 感恩您提出的宝贵意见，我们一定会积极整改，让您有更好的用餐体验。期待您的下次光临！

顾　　客： 疫情防控期间很久没有外出吃饭，这次正好过生日找个借口选择了海鲜自助。一直觉得远不方便，这次市区也开了分店，特地来品尝。芝士/蒜蓉小青龙每人限量半份，太少了，而且还要排队，吃不过瘾。环境还不错。

商家回应： 尊敬的顾客，谢谢您莅临 YY。我们采用一人一锅的小火锅，搭配优雅独特的用餐环境，营造视觉和味觉的双重美妙体验。期待您再次到来！

顾　　客：实话实说，口味是不错的，但是服务是要批评下的，我申请了会员，优惠当天不能用，这个情况服务员自己也不知道，可以团购 8.8 折优惠也不告知我。

商家回应：感谢您为我们 YML 作出这么精致的点评，正是有了您的支持为我们指明方向，才有我们前进的方向。关于您提的宝贵意见，小编已经全部收下，并且记住了客官的喜好，期待客官再次过来，让小编亲自来给您推荐比较适合学生党的菜肴，因为小编也是刚出社会的学生党呢，相信您下次来时会给您带来更多的新体验。期待您的下次光临，祝您生活愉快、学习进步！

顾　　客：图片是啥样，真实菜品啥样？实物有这个一半大吗？里面牛肉也不知道是什么肉，差距有点大。

商家回应：非常感谢您选择本店用餐，此套餐是新年优惠套餐，给了非常大的优惠，实物则是切开的，所以可能让您的视觉感官上出现了偏差，我们会改进。里面的牛肉采用新鲜的澳大利亚进口菲力，所有食材均会为您负责。感谢您的评论，我们无则加勉有则改之。另外恭祝您新春快乐！

顾　　客：一次性消费，菜品很一般。龙虾虽然不限量，但是品质不好，基本上不值这个价啊！打卡失败，输在品质。

商家回应：非常感谢您的点评，很抱歉没能给您带来愉快的用餐体验。我公司食材严格验收，当日选用，隔日不用，保证每一道食材的新鲜、安全。LMHX 全体员工期待您的再次光临！

顾　　客：要啥没啥，服务态度还那么恶劣。你们这餐厅挺好的。真的挺牛的！

商家回应：贵宾！非常感谢您的点评和建议，很抱歉没能给您带来满意的用餐体验，不到位的地方我们定会改进，希望今后再次有机会为您服务！

顾　　客：到我们刚好要等位，但我就很不理解，为什么 3 个人 4 个人都能进，就 2 个人要等？很不合理啊！进去之后坐的位置还漏水，配菜除了肉都不好吃，鱼子福袋全是油。冬阴功锅难吃，总体感觉不会再去了。

商家回应：亲爱的顾客，很抱歉让您有了不愉快的用餐体验。当时情况是这样的，两人桌已经坐满取号了，四人桌就剩仅有的三四张，所以劳烦您多等了一会儿，真的非常对不起。今后我们一定会更加合理地安排顾客落座，期待您的再次光临！

顾　　客：商家总是不接电话是什么操作，想问疫情就餐情况，打了快 5 个电话，分时段打通了，就是没人接，是真的忙不过来还是咋样？

商家回应：亲爱的顾客，首先感谢您对我们的关注。门店刚刚开业，店内确实比较忙，有时顾及不到，希望您能原谅。您有任何问题也可以在这里咨询，我们一定及时为您答疑解惑呀！

顾　　客：除了环境好，其他真是不值得推荐。首先上菜很慢，菜品也就一般吧，环境是用餐以外的环境还行，餐厅也就是一间没有装修的毛坯房而已。

商家回应：您好，感谢您选择 LYSF 用餐，感谢您对本店服务、菜品和环境的认可，同时感谢您的支持！关于您提到的菜品慢，这边实感抱歉，我们这边讲究慢品、慢食，客户需要菜肴快一些，可以预约时告知我们，这边会满足您的需求呢。我们的装修风格返璞归真，水泥墙，水泥地，追求本来美。LYSF 坐落于青龙山庄的一角，而青龙山庄有住宿、会议、棋牌、温泉、垂钓，设施设备丰富。欢迎亲前来休闲度假。我们将会为您提供优质服务和产品，期待您的光临！感谢您用心的点评，祝您生活愉快！

顾　　客：味道很好，就是等待时间太太太长了，基本上吃个饭得一小时，唉，等待的时间有一桌人直接走了。

商家回应：您好，感谢您的点评和建议！因为我们家的菜全部都是现做的，没有一样是半成品，所以确实耗时间比较久……如果耽误了您的时间，我们表示抱歉，应该提前告知您的。但是跟速食相比，我们确实还是希望自家客人们吃得新鲜和健康……我们未来会在保证品质的基础上尽量提升出品速度的，谢谢！

顾　　客：同类型自助餐里价格偏高，没有特色。

商家回应：贵宾！非常感谢您的点评和建议，很抱歉没能给您带来愉快的用餐体验，WYLM 海鲜全体员工期待您的再次光临！

顾　　客：奔着全场五折的活动而去，结果是满满的失望……五折的牛排，五折的尺寸……人很多，菜品口味有所下降……

商家回应：谢谢贵宾的点评，谢谢贵宾给小 X 带来的宝贵意见，以后贵宾在用餐过程中有任何不满意的地方都可以当场向小 X 提出，小 X 定会使出"洪荒之力"让贵宾满意的！

顾　　客：谁去谁后悔，鲜活海鲜屈指可数，补货不齐，好多都空在那里。烤生蚝、烤扇贝不好吃，不入味，波士顿龙虾都是死的，一人一次只能领半只，而且是给你剪成一块一块的，肉都是软的。烤榴莲只拿到一次，而且是很小一份，后面去就再也没看到了，一直空在那里。

商家回应：亲爱的顾客，很抱歉我们的服务与菜品让您有了不好的用餐体验。刚开业，无论是菜品补充还是新人服务都有所欠缺，对于这些问题我们正在进行大力改进。我们会更加努力做好！希望您下次来时可以让您感到满意！

顾　　客：这几天去家楼下打包回家的饭，说句实话肥牛是真的不新鲜，骚味异常，在我已经非常饿的情况下，还是扔了。

商家回应：亲爱的顾客您好，非常不好意思，没能让您满意，对此我们深感抱歉。请允许我们集体弯腰 90 度向您献上我们的歉意，也请您尽管放心，YY 下次一定会让您满意哒！这边是 YY 的联系方式：151×××××××，有什么问题可以随时联系 YY 呦！

请您不要放弃我们！在这祝您生活愉快！

顾　　客：点了份西班牙海鲜饭，里面的虾根本就是生的，吃得很不舒服。特别留下这段点评，免得后面的人再吃亏。万一今晚回去肚子不舒服，还得找回来。

商家回应：尊敬的贵宾您好！很抱歉本次用餐没能让您满意，有关西班牙海鲜饭里的白虾没有烤熟，给您带来了顾虑，也给了我们一个警示。我们总厨也去厨房检查了问题的根源，确定是烤箱的问题，温度没有达到，导致了这样不应该发生的事情，目前已经在联系厂家维修。我是这边的店长 XHP，151×××××××（微信同号）是我的手机号码，如果您接下来有任何问题都可以直接联系我，还希望您能再给我一次改善的机会，期待您的回信。

顾　　客：小牛肉就是清汤牛肉锅子，没什么意思！钵钵鸡还是去吃串串吧！粉蒸牛肉我真的忍不住骂人，端上来的时候我以为送的小凉菜，真的是一小碟子！就那样没什么惊艳的！

商家回应：贵宾，很感谢您的评价！30多元的牛肉，如果是一大盘，我们真的做不到那样品质的牛肉，您敢吃我们也不敢卖啊！还有钵钵鸡就是冷锅串串。

顾　　客：去年在四川省旅行了十几天，对四川的各种火锅和串串念念不忘，在乐山待了几天也吃过几顿 QJ 牛肉，感觉肉嫩，搭配小菜米饭吃起来还挺带劲呢，这家店不管是做法还是牛肉品质口味，都不敢恭维。估计又是家山寨的 QJ 牛肉，说啥品牌呢，估计要凉凉。

商家回应：很抱歉这次的用餐没能让您满意，但肯定是我们的原因，新店开业肯定有很多做得不是那么好的地方。不过贵宾要放心的是，我们是乐山当地正宗的品牌直营店，牛肉品质也不用担心，和四川用的都是一样的牛肉。欢迎您下次再来，会发现我们的进步与改善！

顾　　客：味道太差了，牛排咬不动，海鲜不新鲜，不知道为什么这么多好评。

商家回应：尊敬的宾客，您好！感谢您选择 JM 海鲜自助餐厅！我是 JM 海鲜自助餐厅经理 QH（电话：139×××××××），您的网评我们非常重视！非常抱歉！期待您的来电！JM 海鲜自助餐厅处于国家 5A 级旅游景区，院内四季鸟语花香，负离子含量高达每立方厘米 7 600 个，是很好的天然氧吧！您在享用美食的同时也可以欣赏这里的美景！祝您工作顺心、生活愉快！

顾　　客：甲鱼太苦了，跟吃药似的。海鲜粥，里面的肉放了很久，都有味道了，尤其是那个白色的应该是鱼皮，那个化学品的味道太浓了，无法下咽，再也不会去吃了。

商家回应：尊敬的顾客您好，诚挚地对您说声抱歉，对本店的菜品不满意的话，都是可退可换的，您反映的问题我们马上跟进，再次表示歉意。

顾　　客：在大洋楼上，位置显眼，上电梯的地方就会有标识。因为是网红店，人还挺多的，但是口味不行，价格又贵，比 GLG 差远了！从没见过这么瘦弱的牛蛙，肉很柴。黄椒锅不香，没有普通的锅底好吃。酱料的选择也很少。

商家回应：亲爱的贵宾您好！非常抱歉没能让您满意，下次来的时候可以跟我们服务员说明一下您的口味，咱们家口味是可以根据消费者口味进行微调的！感谢您给我们提出来，我们会再次加强对质量的把控，期待您再次来我们小店，一定给您满意的服务！我是店长小 H，电话：151×××××××（微信同号），有什么需要可以随时联系我，祝贵宾生活愉快哦！

顾　　客：锅底不够川味，肥牛吃着口感也不太新鲜，和朋友吃完都拉了两次肚子。

商家回应：首先感谢贵宾选择了小 L，很抱歉给贵宾带来了一次不愉快的用餐，不知您现在身体好点没有。小 L 这边有一个小办法，苹果去核，连皮切成小块，加三碗水，一起煮，煮半个小时剩一碗水，全部吃掉，水喝掉，很快就会有效果，第二天早上再煮一次吃，拉肚子就会治愈。我是店长小 H，电话：151××××××××（微信同号），有什么问题可以随时联系我哦，希望贵宾能早日好起来，希望贵宾看见信息可以联系我，很是关心贵宾的身体状况，祝早日康复哟！

顾　　客：可惜没有 0 星，真的很难吃！上来炸鸡都冷了，外皮软嚼不动，里面的肉很柴，好评绝对是买的，不如吃肯德基。肯德基比它好吃一万倍。

商家回应：首先非常抱歉给您带来不愉快的用餐体验，我们一定会去加强改善的。

顾　　客：看到"种草"很久的店今天开门了，就拉上朋友一起去了。到了以后被告知只能打包。不接受堂食，疫情防控期间可以理解，但是麻烦店家在线上标注一下可否？怕是自己看错了出来以后又看了一遍，确实没有任何标注，大冬天白跑一趟换谁都不会开心吧？

商家回应：亲爱的顾客，小 C 表示非常的抱歉呢。您的点评我们已经认真地研读了，由于小 C 的不细心，对给您带来的不便表示很是愧疚。您反馈的问题我们一定认真对待！小 C 的电话也是一直畅通的哦！疫情防控期间小姐姐要保护好自己哦！

顾　　客：网红餐厅，说实话噱头大过实际。地理位置好，装修一般般，菜品口味普遍低于预期，就是普通家常菜，甚至还不如。小笼包蒸得蔫不唧的，大煮干丝总觉得放了不少调味料。唯一有印象的是点了瓶水叫剐水，吓我一跳还贼贵。总之不太建议。

商家回应：尊敬的领导：很抱歉我们的餐品不合您的口味，下次您来店里可以和我们的美食顾问说，我们会按照您的口味来为您量身定做，或者我们给您推荐。祝您生活愉快！

顾　　客：小青龙味道不咋样，佛跳墙也不咋样，帝王蟹更不咋样，炭烤榴莲、烤生蚝也是太失望的味道啊，比 DJ 宾馆差远了。点心和 DJ 没法比，没有值得去的闪光点，吃饭时左右桌也是同样的感受，都是被刷出来的好评吸引来的。

商家回应：尊敬的贵宾，您好！本店主打海鲜姿造，全球海鲜大聚会，日常能见到的国产活鲜/进口海鲜几乎都全来了，有日料刺身档：正宗进口深海三文鱼，加拿大牡丹虾，俄罗斯大号白牡丹虾，金枪鱼，北极贝，大连海胆；高档海鲜档：帝王蟹/大连鲍鱼/象拔蚌/小青龙/梭子蟹/青蟹/大闸蟹等畅吃；还有蒸汽档、美食档、现切牛肉档、铁板烧烤档、果吧。法国 A 级红酒鹅肝、法式铁板羊排、进口澳大利亚西冷牛排，品质很棒。原瓶进口澳大利亚红酒/日本清酒等十几种酒水饮料，近二十款水果、正宗哈根达斯免费畅吃，食材可说是异常丰富。很遗憾没让您得到很好的体验，谢谢您的光临！LD 全体员工祝您生活愉快！

顾　　客：来了好多次，算得上是忠实粉丝！菜品的口味一次不如一次！服务尚可！卫生间气味难闻，已经失去了内心的喜爱！

商家回应：尊敬的领导：非常不好意思没能让您满意，请允许我们集体向您道歉，谢谢您提出宝贵意见，有您的监督我们会做得更好！我们期待您下次的光临。祝您生活愉快！

顾　　客：真是忍不住要点评一下，一次特别糟糕的体验。整个用餐过程就是不停地催促，一直处于等待状态。一份牛排整整等了 50 分钟才端上桌，都饿过头了，根本没有享受美食的乐趣了。虽然服务态度很好，但最根本的本职工作却没有做好，肚子饿、着急吃的小伙伴绕开就好！

商家回应：贵宾，实在抱歉，给您带来了不好的体验。由于惠灵顿的制作工艺非常麻烦，需要包酥皮还要烘烤，烤制时间需要 25 分钟。这个牛排只有现做口感才能好，希望您能理解。如果事先预订的话会稍微快一点的。无论如何还是非常非常的抱歉。祝您生活愉快！

顾　　客：吃烤肉点了个生菜夹着肉吃，中途催了 3 次，结果烤肉都吃了 2 盘了，生菜还没有上。石锅拌饭真心不好吃。

商家回应：ZZ 很高兴能为您服务，您提出的问题我们会积极了解情况，ZZ 会努力给您带来更好的用餐体验，期待您的下次光临，喵！

顾　　客：一直有人推荐，点评评价也挺高，昨天有朋友来就去试了下，没有想象中的惊艳。生菜需要单独点，不是搭配的，五花肉拌饭口味偏咸，整体味道跟 GLY 差不多，不如苏州的 NLY。

商家回应：ZZ 很高兴能为您服务，您提出的问题会我们积极了解情况，ZZ 会努力给您带来更好的用餐体验，期待您的下次光临，喵！

顾　　客：7 个人，也没吃啥，消费 1 600 元。服务员服务意识差，上壶开水，喊了 5 遍都没拿过来……

商家回应：感谢贵宾的光临！店面有团购、代金券、充值赠送、VIP 至尊卡、加入会员群抽奖等活动，供贵宾选择哦！我们会加强对员工的管理，希望贵宾下次过来有一个不一样的体验！期待您的下次光临！

顾　　客：这家店可牛气了！连锁店，前一天在别家吃的藤椒鱼，有各种配菜，分量还大，第二天看到这家再吃，一小份，也没有同样的配菜，结账的时候顺口问了一句，买单的女的说：可能我们店小吧。这态度绝对不会来第二次。不知道高评分怎么来的。

商家回应：感谢对小店的批评指正，在此向您真诚地道歉，我们一定会进行改正。

顾　　客：不会再来了，整个店的服务员都丧着脸，一声不吭，完全没有服务意识，也是蛮厉害的。

商家回应：我们全体员工在这里给您道歉，给您带来了不好的体验，我们极力改正。因为从带位到点菜再到更换烤盘、买单确认都是语言沟通的必要工作。方便的话请您告诉我们您坐在哪个区域，我们更加明确人员，作出相应的改正。谢谢！

顾　　客：差评，都不给烤肉！还说只给烤大的，小的自己烤，客人提出来也说不行。

商家回应：非常抱歉给您带来了不愉快的体验，深深检讨您提出的问题，在人员上面我们会继续加强人手。

顾　　客：套路开始深起来了，烤虾烤得很少，一次就烤几只，根本不够吃。不像以前了。

商家回应：尊敬的宾客您好！非常抱歉让您的用餐体验不佳了，您提到的问题，我们正在努力查实中，如查实，一定作出惩处，期待您的再次光临！

顾　　客：去了以后，有好多空桌，还说这里那里满了，提前一周预订也没用。你倒是在我打电话时提示一下啊，没有！老牌集团的感觉也不太好，处处拒绝，处处不行。没有在其他酒店舒服。服务这块，我只能给一颗星。而且，不会再来了。

商家回应：尊敬的宾客您好！非常抱歉让您此次的用餐体验不佳，酒店自助餐的情况在这里跟您说明一下，您看到的空桌是已经被预订了。您所说的提前一周预订也没用，我们正在核实是否有这个事情，如果确有此事，我们将严肃处理。期待您的再次光临！

顾　　客：等了两个小时，告诉你菜卖完了，没肉了，那为什么要排号，为什么要我再等等！！！

商家回应：您好，很抱歉没能给您带来好的用餐体验，您反映的问题小 D 已经向门店反馈，我们会马上进行核实并加强对员工的管理培训工作，对不足之处感到十分抱歉，我们公司各个部门也会协助门店提升服务效率，希望可以给大家带来更好的用餐体验！

顾　　客：味道很浓，不值得推荐。而且这个套餐按照店里的原价格计算，也就是一样的价值，根本没有优惠，骗子！差评！

商家回应：感谢您的支持和厚爱，我们 JDY 坚持做好每一件事，煲好每一锅粥，保持舌尖上的安全健康。如果有招呼不到位之处，敬请谅解。

顾　　客：沙拉还行；点了一份比萨，很薄，而且都烤焦了，番茄酱的味道很重；一份千层面，我个人觉得很难吃，口感类似于一坨烂掉的面皮，番茄酱味道也很重；一份牛排，服务员推荐的是五分熟吧好像，口感一般。综上我觉得这个口感对不起它的价钱，性价比很低。

商家回应：感谢您的光临，给您带来不好的用餐体验，我们深感抱歉……再次感谢您的光临，祝您生活愉快！

顾　　客：不咋样，价格贵，不值，服务不好。

商家回应：感谢您的光临，让您有如此不满意的用餐体验，我们深深地表示歉意……

顾　　客：需要自己动手烤肉，服务员态度很差。

商家回应：年关人手确实紧缺，没有更多的时间给到大家，在高峰期需要贵宾们自己动手，由此也能体验到烤肉的乐趣。我们也会加强整改和完善，希望能继续支持我们，我们会给大家更好的体验。

顾　　客：今年夏天去了好几次，口味都不错。一段时间没吃，又有点怀念。可是这次去让人很失望。龙虾的个头不小，但是蒜蓉龙虾很咸，最主要的是龙虾的肉质不好，又老又柴，龙虾竟然也有了类似螃蟹膏似的黄。虾饼倒还是一样好吃，上之前吸下油就更好了。花甲一般，也有点咸。总体感觉不好。

商家回应：感谢您的点评，您的满意是我们最大的动力，有您我们才有故事。恭候您的再次光临！每时每刻都有我衷心的祝愿：愿您天天幸福快乐，天天有个好心情！

顾　　客：东西比较贵，没想象中的好，希望改进，虾子太少了，毕竟不便宜。

商家回应：感谢您的点评，您的满意是我们最大的动力，有您我们才有故事。恭候您的再次光临！每时每刻都有我衷心的祝愿：愿您天天幸福快乐，天天有个好心情！

顾　　客：太差，龙虾烧好了称，两斤龙虾就 15 个，其余全是辣椒、洋葱，不会再去吃第二次，大家别去吃了。

商家回应：感谢您的点评，您提出的建议我们一定会作出相应的改进，您的满意是我们最大的动力。再次期待您的光临！

顾　　客：料理只要做得好吃就可以拿出来卖，或者原材料优质，不需要太多处理也能好吃。可是既没有优质原料，又不讲究技术，就只能做出令吃过好东西的食客觉得难吃的菜啦！比如猪肉配蚕豆，确实猪肉没有肉腥味，但猪味超浓，配上蚕豆本身的味道，哇哦，我服啦！

商家回应：您好，感谢您预订 AN，让您有这么差的用餐体验，我们非常抱歉，也感谢您肯定了我们的服务。关于食材方面，想稍微解释下：口味可能不符合您的要求，但我们绝对是选择优质的原料，这点还请您放心。主厨的技术也是得到绝大多数食客认可的。我们每三个月会更换一次菜单，希望能有机会再次为您服务。

顾　　客：鹅肝只占了这份菜品的十分之一，其他都是甜酸菜、华夫饼、甜酸酱、薄脆，几乎看不见的又薄又小的鹅肝上包裹了厚厚的油炸面皮，建议这家店改进这道菜品，免得影响其形象和口碑。

商家回应：您好，我们的鹅肝属于前菜，价格 88 元一份，就分量和价格来看，性价比已经很高了。如果您对鹅肝的分量大小有要求，我们可以私人定制，按照您的要求量身定做，谢谢！

顾　　客：古风装修，石阶、凉亭、纱幔、古筝，元素都还挺全，环境也挺幽静，就是有点拥挤，筷架很有意思，是可以吃的花生。西湖牛肉羹味精也下太重了，喝完舌头巨干。酒酿元宵里面有菠萝碎和草莓碎，还有椰果小圆子，但是不好喝。红糖糍粑是吃过最奇特的，中间有豆沙夹心，表面有酸酸咸咸的酱……娃娃菜、牛肉感觉像白菜炖猪肉，卖相也不咋样，所以不会再吃第二次了，哎……

商家回应： 看到您的评论，非常揪心，很遗憾，此次用餐体验未能达到您的预期，非常抱歉！首先非常感谢您的详细点评，正是如您一样的客人对我们的不断关心和督促，才能使我们不断发现工作中的问题。关于您反馈的菜品口味问题，我们已立即反馈给厨师长，定会立马改进并加强监督！期待您能再次光临检查！

顾　　客： 朋友推荐说服务好，小哥哥帅，可她今天也蛮失望的。那么高的评价我相信是真的，不过就是蛮好奇，南京就没好吃的烤肉了吗？这样的环境说好，那样的肉品叫好吃，物价上涨，肉品基本都是 50 元起步，理解，可是肉品的品质真的太普通了，吃起来都没有肉香味，有些腌制过的，还特别咸。那个墨鱼肠五十几块钱就切一根吧，老板你也太黑心了，成本 10 块钱都没有，海带牛肉汤全是味精的味道……我看很多客人是点鳗鱼的，或许鳗鱼才是特色菜，我们这种来吃烤肉的感到很失望。

商家回应： 非常遗憾今天让您不愉快，可能是服务没能做好的原因。店内所有肉品虽然没有宣传，但全部都是加拿大和澳大利亚进口；鱼肠几乎是零差评的纯海鲜肠，口感品质与人均 300 元的日式烧肉店相当，经得起对比。小店真的是非常良心价了，哎！

顾　　客： 朋友说"种草"很久约了来吃，结果嘛，纯雷无误。无引导，纠结了下坐哪里，坐定之后就冷冷一句扫码点单，一共就点了三个菜，等了半个小时催了两遍，才上了个培根牛油果泥煮蛋吐司。上第一个菜之前水空了好久也不加的，三个菜勉强在一小时内上齐吧。传统巴黎火腿芝士荞麦可丽饼火腿很一般，芝士本身很咸，也没通过调味弥补，总之就是很咸很一般。培根牛油果泥煮蛋吐司，培根给煎得跟腊肉似的硬。肉饼配普罗旺斯炖菜，因为有番茄的存在，这道的口味还说得过去。也就只是说得过去吧哈哈。菜品种类较为单一，中午主菜类除了油鸭鹅肝（看名字就很腻）之外通通不可点，就只剩下可丽饼类啊吐司类啊甜点之类的，吃完了几个人出了门继续饥肠辘辘地找东西吃。

商家回应： 您好，感谢您的评价！我是这家店的"店猪"哈……后来去店里了解了一下情况，针对上菜速度和服务跟您说句抱歉，因为……周一的中午竟然有点小忙，也是我没有考虑到的，所以作为本来应该是后补员工的我都没有去店里……没在店里安排足够的员工，让您产生了受怠慢的感觉，表示抱歉！菜品的话我也了解了一下，放大看了下图片，都是正常出品，可能口味上不符合您的喜好……为服务和速度跟您道歉，同时希望您能遇到自己喜欢的食物和餐厅。祝您生活愉快！再次感谢！

顾　　客： 跟姐妹来的，以为环境很好，其实里面很小，位置也不多。我们点了三种可丽饼还有别的菜，我不知道真的是我不懂，还是我就是无法接受这种可丽饼的做法，感觉就是杂粮煎饼加个鸡蛋加点肉就 58 元一份，真的感觉很不值当。里面所有的菜量都很少，四个女生点了四百多元，完全没吃饱，下次真不会再来了。

商家回应： 您好，感谢您的点评！不是您不懂，而是本店的菜可能不合您的胃口……第一呢，店小环境不好，当然本店环境也不是人人都喜欢的哈。其次，我家的菜确实不便宜，这点很多点评的朋友都提到了哈，我们也回复过部分朋友，大家对于东西价值的认可度可能不太一样，我们店也是持很开放的态度，这个没有谁对谁错谁懂谁不懂的哈，希望您找到自己爱吃的食物。再次感谢您的点评，祝您生活愉快！

顾　　客： 可以的话，我想给 0 星，因为真的难吃到留下心理阴影。那不勒斯手制意面，难吃到一口都吃不下去，只想吐出来。面，说是手制，口感就是，隔夜的挂面，稀烂稀烂，可以被任何一个牌子的意面秒杀。味道的话，难吃到差点吐出来，总之我们几个人，每个人吃了一口就直接走人了。班尼迪克蛋，上的却是两个溏心水煮蛋，一刀切下去，硬得整个人傻眼，回去看菜单，才发现全名是"班尼斯酱日式煮蛋"……当时点菜的时候，不点开是不会显示全名的，确实是我疏忽了，只能说，用的是班尼迪克蛋的图，完全"照骗"！名字也有点欺诈，明明就是一般班尼迪克蛋用的荷兰酱……那个饼，可以被所有煎饼馃子吊打。总之，如果你看到这条评价，恭喜你。我已经因为选了这家店，被小伙伴 diss 几个星期了，希望你不会有这样的遭遇。

商家回应：您好，感谢您的提醒，非常有道理，我们也很迷茫为啥很多客人都对这道菜有异议，看到您的评论茅塞顿开！一则我们发现是大众点评非官方的菜品名称上写着"班尼迪克蛋"，已经向大众点评提交了更改申请。二则我们会对店内菜单重新进行配图并写清楚该产品的组成。谢谢您的建议！

顾　　客：说实话有些一般了，之前在大众点评上看到很多次，确实做得还有些颜值，没想到去了并不是传说中的那样。说说菜品"那不勒斯风味手制天使意面"，手工做得没问题，但是酱汁放得有些酸不酸、咸不咸的，实在难吃。"树莓苹果苏打"这个饮料，不知道为什么，没啥味道，有些苦涩。是水果没选好吗，还是少放了什么？"烤羊羔脊"这个菜吧，应该不属于 brunch 系列的，所以点了吃吃看，肉质有点老，感觉不怎么咬得动。环境还可以，服务店面不大，也照顾得来。口味上不是很好吃。

商家回应：您好，抱歉口味让您不喜欢了，我们家调味比较有自己的特色，所以确实不喜欢的顾客也是有一部分的……羊排的话我们家其实里面都还是粉色的，肉按理来说不会老，可能当时没跟您说清楚怎么下刀去切，抱歉！如果下次还有机会来店里，有不喜欢可以当场提出哦，我们可以了解清楚您的口味或者喜欢的熟度后重新做一份给您。祝生活愉快！

顾　　客：年前就去这家期待已久的店吃了，磨叽到现在才来写。地理位置有点不好找，在一个巷子里面。装修蛮好的，整个是独立城堡的造型，有加分。店内环境，如果不是因为他家在 3 楼，我想给 5 分，3 楼给我感觉太不好了，就像脏脏的澡堂……原谅我欣赏不来。就菜品来说，点的几个都是他们家推荐的菜。

"班尼蛋"上面的肉松搭配菠菜混合着荷兰汁和蛋黄真的是蛮好吃的，这个应该是我点的几个里面最满意的，唯一美中不足的是蛋上来就是破的，蛋黄都流出来了。

"四川麻辣香肠意面"这个面……嗯，说不上来的感觉，就是四川香肠的味道，说不上难吃，但是这个搭配让我觉得怪怪的，有点辣的感觉，但是又没 HS 他家的辣味意大利肉酱面融合感好。

"法式吐司"里面有肉桂的味道，不能接受肉桂的可能接受不了，我还好还能接受，搭配冰激凌还可以，就是稍微有一点点煎煳了。

"春鸡"是这里面我最不喜欢的了……量很小，里面应该是被取掉了，装了面包丁在里面……切开后面包丁是软的，口感真的不喜欢，就是搭配的烤土豆比鸡好吃。

整体来说，本身是个特别值得期待的店，最后有点失望……整个环境还是很 OK，可以拍好看的照片，但是食物没有我想的那么满意，还有就是菜品不多，实在不知道点啥了……本来是想打 3 星的……但是那天吃完下午就狂拉肚子……

商家回应： 尊敬的顾客您好，很抱歉给您带来不好的体验。我们非常重视食品安全问题，店里用的都是当天采购的新鲜食材，请您放心食用。如果您不喜欢某种香料或对某种食材过敏，可以提前告知我们的服务员，期待您下次光临。

顾　　客： 菜难吃得一言难尽，本人很少写点评也很少写差评。点了 riostto 和一个面。本来 spaghetti 就不适合配肉酱类厚重的酱子，而适合配乳化版的酱汁，肉酱做得真的是可以用一塌糊涂来形容。risotto 米饭煮熟了加汤汁搅和口菇，一嘴菇腥味。上面放两片冷冻的松露就可以叫松露饭了吗？招牌的什么饼，吃嘴里一股辣椒味，加个芝士还能吃出别的味道吗？里面还有中国榨菜，没错的话。服务生很好也很热情，这点毋庸置疑。这几个最简单最基础的菜都做不好，口味真的一言难尽，欺骗消费者，基本功都不行，能不能善待上海的餐饮市场啊，技术不行就学好了再出来做菜啊！！！

商家回应： 尊敬的顾客您好，非常抱歉让您有了不好的体验。可能是我们店里的菜品不合您的口味。小店一直在用心经营，服务、菜品等方面我们也在不断学习和进步，感谢您提出的建议，祝您生活愉快！

顾　　客： 环境：依山傍水，餐厅在山庄餐饮部内，不认识路的食客可以由迎宾员带过去。目前只有 698 元和 498 元套餐可以选择，有包厢需求的可以提前预订。

服务：最满意的可能就是她们的服务了吧，从进入餐厅到吃完饭全程都是很棒的。可能是期望有点高，所以才会觉得菜品没有想象中的那么好吃，毕竟人均也不低，很多菜并没有眼前一亮的感觉，也就草草拍了前面几道菜的照片。

"餐前小食"里面的曲奇很棒，甚至比当晚有些菜品好吃。

"原味椰汁炖官燕"刚入口味道很淡，但回味起来也没有那么难吃……

"秘制醉鲴鱼"汤头很咸，好在肉质细嫩，吃的时候建议翻一面吃，这样能看到背后的鱼刺。

"火山岩煎 5A 牛肉"是 698 元套餐的主菜，套餐内的主菜还有锦绣双味南非龙虾可供选择，不过要提前一天预订。一共三片，有三种口味配料可以蘸，口感的确是比普通牛肉好吃一点。

"酸汤淮安蒲菜"，蒲菜是个好东西，但配的酱有点难以接受，太酸了。

"松露河豚炖海参"，个人还是挺喜欢这道菜的，可能本来就挺喜欢这两种食材，跟他们烹饪没太大关系。

"柠檬慕斯"，敲碎外面的白巧克力，里面是冰激凌，吃到最后已经不是太想吃了。

总体来说，餐厅的环境和服务意识都是不错的，不过菜品还需要加强，没必要专程跑一趟过来吃一顿饭。不过倒是可以在这边住一晚，酒店旁边有个大水库，第二天早上可以沿着水库晨跑，因为靠近江宁足球训练基地，早上有很多晨跑爱好者在附近运动，爱好运动的朋友可以来尝试入住一下。

商家回应： 亲爱的顾客您好，感谢您选择 LYS 用餐，感谢您对 SF 服务、菜品和环境的认可，同时感谢您对 SF 的支持。我们将会为您提供优质服务和产品，期待您的光临，感谢您用心的点评！祝您生活愉快！

顾　　客： "炭烤榴莲"不好吃，不新鲜。"大连活鲍鱼"，活的海鲜只有这个不限量，因为这个最便宜吧，"佛跳墙"都是香菇，海参渣渣。"芝士小青龙"肉质不鲜甜，感觉怪怪的。"椰青"这个还可以吧。"燕窝"不是很好的那种，随便吃吃还可以。"白牡丹虾"很木。"羊排"最后才有，都吃饱了，吃不下了。环境一般，服务一般，收东西没有 XW 快。划重点，里面的东西肯定没有 XW 多，活的海鲜很少，几乎没有，宣传中的好多都没有！我们第一桌进去，就拿到几只梭子蟹，再去拿就没有了，不会再去第二次的店，不值这个价，相比之下，推荐 XW 水产！

商家回应： 亲爱的顾客，谢谢您的反馈。我们的海鲜品种应该不比 XW 少，不少顾客评价我们还更多！除了各类刺身、生猛海鲜外，我们的啤酒全部原装进口，不是国产洋品牌哦！还有澳大利亚原瓶进口红酒、原装日本清酒、日本波子汽水、韩国饮料等，正品哈根达斯、新西兰兰维乐冰激凌畅吃是我们的特色！此外我们还有活鲜自捞区，谢谢！我们会更加努力做好！希望您下次来时，可以让您感到满意！

顾　　客： 熏鱼的口感是粉的，不新鲜、不好吃，但因为是第一个菜，我忍住了没说。我发现每次吃饭点评都是由我开始，她们一定觉得我很扫兴。毕竟是仙女之前吃过觉得挺不错，心心念念安排上的日程。可惜这次大厨可能不在家，难吃，扫兴了，唉。

接着到盐水鸭，唉，忍不住了，叹一口气，肉质酥散的谜之口感，TB 买的哪个牌子都比这香。越写越气，大差评给那个最贵的鱼头佛跳墙，单卖多少钱来着？良心不会痛吗？鱼头一点儿也不新鲜，腥气肉松，坏了一锅鲍鱼。佛跳墙的调味也是谜……

和服务员说了，服务员说鱼头每天都是新鲜的，是因为做法。好的，我新鲜鱼头还是吃过几次的，心里还是有点数的。做法？把新鲜鱼头做成不新鲜的？

整个鱼头，为了环保，勉为其难动了几口，整个端下去，厨师看了心里过得去吗？？？

小龙虾粉丝没了，换的一个东西倒还行，生煎包也可以，不过老子可是坐着火车来吃大菜的，差评！

讨论间提到，会不会是因为买了点评套餐，因为便宜了就把不好的给我们？如果是这样，我要给负分，砸招牌的事儿都干得出！！！

商家回应： 尊敬的客人，感谢光临 XGLL 中餐厅。非常感谢您百忙之中抽出宝贵的时间给我们用心的反馈，并配上精美的照片。很遗憾此次用餐未能让您满意，对此我们深感抱歉。XGLL 大酒店一贯关注食材的选择，重视食品卫生安全并珍视您的意见。关于您提出的鱼头佛跳墙的反馈，我们已作记录并转告餐厅和厨房，请相信我们会真诚聆听您的反馈以便改进。我们会更加注重菜品口味问题，保证菜品品质，确保给每一位客人带来美味可口的菜肴。我们真诚期待您的再次光临！

顾　客： 年底第二次带着家人去"拔草"，因为第一次口感体验和服务感觉都特别好，但是第二次让我有种再也不想去的想法。

原因有四：

第一次的 M3 牛肩胛肉口感非常不错，盘子里面都带有小牌子，吃起来口感不错，至少性价比很高。第二次的 M3 牛肩胛肉非常腥而且嚼不动，询问服务员是不是肉质有变，一口否认，说跟之前一样。我拿出之前吃的照片（把小牌子拿掉的一张），服务员说我点的套餐不一样，所以提供的肉不一样。我自己点什么套餐自己不清楚？我无法下咽，让服务员帮忙更换，结果一个不清楚事情的服务员又拿了一盘不好的牛肉上来（结果跟我协调的服务员看到了，赶紧更换另一个冰箱的肉），给我的感觉就是欺骗消费者，以次充好。

第二次锅底比较咸，中间加了四次水，一桌四个人都感觉咸。后面上甜品，没有之前的芒果布丁，询问服务员，说没有这个，因为客人反馈不好吃？

牛舌整体颜色发暗，口感较腥，嚼不动，可以对比图 16，一目了然。也可以对比上次点评，非常不一样，照片滤镜都是苹果鲜艳。

整体用餐体验非常不好，给人的感觉就是商家把自己好不容易打出的口碑不当回事。水游城这个商场本来客流量不多，你们家生意是好，但想抱着以次充好、糊弄消费者的态度和心理是不会长远的。祝生意兴隆？

商家回应： 亲爱的顾客，首先非常感谢您来到 HNS 享用美味。很抱歉未能让您有一个满意的体验。这里需要跟您解释一下：不同的肉的脂肪分布是有差异的，我们也不能保证每份肉的品相与口感是相同的，这点希望您理解哦。锅底咸可能是因为火力调得比较大，水很容易烧干，您可以再多加点水哦。我们做生意讲求的是诚信与品质，绝对没有糊弄消费者的意思。希望您可以再来品尝，我们定会以更优的服务让您满意！期待您再次光临！

顾　　客： 羊肉的吃法很多，最常见的有羊肉汤、烤羊肉、红烧羊肉，但冰煮羊肉的做法你吃过吗？这种大碗喝酒大口吃菜的地方就不要谈环境啦，略有些嘈杂。服务大姐值得表扬，非常热情周到，虽然服务区域很大很忙，但是服务一点儿都不怠慢。冰煮羊肉，是用真的冰加上各种调料如沙茶酱、香油、洋葱等混合起来加热羊肉，煮好的羊肉肉质很嫩，也没膻味。虽然主打是冰煮羊肉，但我还是更偏爱他家的烤羊排和羊肉串，羊肉肥瘦相间，沾上孜然，那叫一个香。特别想说的是，他家是在一个大炉子里烧烤，这样的大炉烤出来的羊肉看上去更有食欲。

商家回应：感谢贵宾的光临！接待过程中如有照顾不周的地方请多多包涵！我们将努力做好产品和服务！期待您的下次光临！

顾　　客：环境脏乱。商场正在装修且卫生状况很差，弥漫着食物的异味，电梯也很油腻，第一印象不太好。部队锅难吃且不卫生。168 元的套餐里，部队锅居然是用香肠和熏肉做的，里面的辛拉面（方便面）也很难吃，只有浓郁的酱味，没有任何香味和味觉享受。服务员常用筷子搅拌锅，但是搅拌完，筷子直接放在桌上，很不卫生。打包的时候直接拿着锅往饭盒里倒，汤汁先流到锅外壁和锅底上再滴到饭盒里，很不卫生。有刷好评的嫌疑。昨晚决定吃炸鸡，在点评上搜索炸鸡，这家人气很高且评论很好，很难想象这样一家餐厅能得到这么多人的青睐……

商家回应：首先非常抱歉给您带来不愉快的用餐体验。由于商场在装修，而且是老商场，所以看起来破旧！部队锅口味是结合了韩国的传统酱汁调制而成的，不合您口味我们感到抱歉哦！至于您说的服务员把部队锅公筷放桌上，非常感谢您给我们提出宝贵意见，后期我们会加以改善哦！小店会认真对待差评，努力改正！净化竞争环境，从我做起！如还有其他问题可联系：153 ×××××××。

顾　　客：这是我屈指可数的评论。在我印象中，这家是南京做得最好吃的泰国料理，经常去吃，但是今天却翻车了！菜品分量减少了，泰式酸辣鲈鱼 168 元一条，这条鱼估计一斤都没有，比以前的鱼小三分之一；咖喱海鲜加烤面包的那道菜基本全是土豆，一个虾仁，两块鱿鱼花，青口贝都没看见，这道菜 68 元，等于我花 68 元吃了份咖喱泡面包；还有凉拌凤爪，50 多元一道，里面的鸡爪拼拼凑凑最多也就一对鸡爪，一盘菜基本是彩椒和芹菜丝。不知道是不是疫情的原因，好好的店要这样变相涨价，原有的好感顿无！对你家店也没办法再爱下去了。

商家回应：您好，我是 PAS 店长 Jay，您说到的问题我已经统一反馈给我们的厨师团队，一定马上调整，非常感谢您的意见。衷心希望您能带朋友再来一次，这一次我来买单，我的电话：131××××××××，请您务必赏光。

顾　　客： 这还泰国菜？也就是形似罢了。

"泰式青木瓜色拉"改名叫"白糖蒜泥凉拌菜"得了。

"冬阴功海鲜汤"所谓的海鲜就四只虾，没了？鱿鱼都不给我放一个？味道迷惑就给你酸一下，再辣一点，但总体很寡淡。

"泰式虾炒面"改名叫"番茄酱甜蛋炒粉"算了。

"帝皇玛莎文咖喱牛腩"这个味道还稍微有一点泰味，但每一口都透着甜，牛肉很老。菜单上写午餐主餐送软饮，服务员小哥也不说，还得自己问。

超市买个料包都比这好吃，还这么贵，送出第一个差评。

商家回应： 亲爱的客人，我是 APS 的店长 Jay。非常感谢你选择在 APS 餐厅酒吧用餐。更感谢您抽空用心地给予我们评价哦，您的点评是我们进步的动力，使我们的服务更完美并且给您带来愉快的用餐体验。在用餐过程中，您有任何的反馈均可及时和我们沟通，我们非常乐意为您更换或者再次加工您的菜品至符合您的口味。关于您反馈的服务问题，我们一定会加强培训。1 月上新泰火锅系列，有冬阴功汤、柠檬汤、椰汁汤口味配合各种蔬菜、牛肉、海鲜。期待您的再次到来。祝您工作顺利、生活愉快！

顾　　客： "蛋黄鸡翅"闻起来有蛋黄味，吃起来就是普通的鸡翅，肉也很老。

"糖醋排骨""糖醋里脊"一个口味，看起来都没区别，要点就点一样好了。里脊放在排骨里都分不清的那种。

"仔排炒年糕"仔排少得可怜，而且也不入味，年糕超多。

商家回应： 您好！我是 BL 餐厅的客服 LJ，很抱歉没能给您提供一个好的用餐体验。对于您所反馈的菜品问题，我们已第一时间反馈给我们的厨师长，定会加强改进。感谢您的指正，请相信我们会做得更好，希望您不要放弃我们，期待您再次光临。看您给我们的评级是0.5，我想了解一下我们更多的不足，我的电话是152×××××××，同时也希望您能给我们机会，祝您生活愉快！

顾　　客：等了大概半小时才吃上晚饭，等座的时候大堂吧台顶上的空调一直在漏水滴水……大鲍鱼是真的挺大的，然后竹笋煮在鸡汤里好好吃，吸饱了汤汁。但是鸡不管怎么煮，骨头都有点红血丝，而且略微有点腥。点的油麦菜，却上了一份生菜，找服务员核单还表示是不是我点错了，这个服务态度也是令人称奇了。非要找到下单记录才肯拿下去换。口味没有问题，服务和硬件堪忧，二楼手机还有点信号不好的样子。喜欢的菜：竹笋鲜八头鲍。

商家回应：首先真诚感谢您的评价，我们是一家以清淡养生为主的粤式打边炉，追求食材新鲜和原汁原味是我们的宗旨，杜绝鸡精、拒绝味精是我们的原则。我们一直秉承和坚持这样的宗旨和原则，对于您在用餐过程中发现及指出的问题，我们会在今后的工作中加以改进，不周到的地方望您谅解。JBY全体员工祝您身体健康、生活愉快！期待您的下次光临！

顾　　客：过生日过来吃，说是三文鱼做得很好，结果还是失望的。刺身不是特别新鲜。后面的菜如油炸三文鱼啊还有三文鱼丸就真的不行了，热的三文鱼不知道是不好吃还是做得不好，实在对不起这人均的价格。服务员态度极差，问了一下是什么酱，说猪排酱，我说我也没点猪排啊，语气很差，一再强调就是猪排酱。过了一会儿我叫另外一个服务员过来才跟我解释是蘸猪排的酱，可以蘸三文鱼丸子的。各方面还不如人均100元的某些日料店！

商家回应：尊敬的顾客您好，感谢您的光临，您二位点的是我们的468元双人餐，这是以三文鱼全料理为主的套餐。可能您不太喜欢熟的三文鱼，您可以单点菜单上其他菜品，我们的菜品口味还是不错的。对于您所说的员工态度极度恶劣，我会仔细调查。开业到现在我们还没出现您说的这种情况，如真出现您所说的情况，我们绝不姑息。

顾　　客：如果可以的话，BXL 都不应该存在。

首先，我不远万里来到这家店，毕竟是必吃榜，冲着榜单也值得！

门口叫号的大喇叭冲着等候的人，声音非常大，而且一个号反复地叫，直到来人。过程就非常煎熬！听着让人头疼！就这样等了一个小时！

进去之后，整个环境非常嘈杂！锅碗瓢盆仿佛是从天花板上砸下来的，当时已经饿过头了，想着先点小吃，等再饿了点鱼。因为不懂点菜套路，鸭头和冰激凌都点了一个，来一个服务员说，你们这样不行，一定要点两个，好，那就按要求点了。过了一会儿，又来一个，说一样的话……

再看看皮蛋豆腐，上面放着廉价榨菜和厚厚的红油！这个难道不是放醋？生抽？

白切鸡，切得薄且碎，惊呆了！你们怕是没见过白切鸡怎么做的吧……

服务管理基本没有，人员培训一塌糊涂。

我们临走时决定不点鱼了，服务员还议论纷纷：啊？这桌没点鱼啊？就你这个品质，还指望能点？

这个还是 SZ 的牌子，真给 SZ 抹黑，是不是花钱上的必吃榜啊？

本年度最差体验给你了！

为你排这么久的队感到丢脸！！！

商家回应：真是非常抱歉，让您不管在服务上还是口味上都觉得这么失望、生气，都是我们的错，是我们管理不到位。叫号机的声音我们也会适当调小的，对服务员的管理与培训我们也会加强的，杜绝此类事件发生。也是希望您能给我们一次改过的机会，让我们能有所进步。这是 SS 的手机号：150 × × × × × ×

××，以后在就餐过程中有任何问题都可以随时联系我。真诚期待您的下次光临！

顾　　客：真不知道那么多好评哪里来的！体验非常不好！我们三个大人两个小孩，大人是两女一男，小孩都是三岁，全程几乎没吃。刚开始点菜，那个男服务员就说，你们这么多人，鸽子要 2～3 只，虾子要一份半，掌中宝要一份半，我回复了好几遍，不需要，我们想多点几样菜。最后点了 7 样菜，服务员给下单了，中途吃着的时候，突然看一眼菜单，虾子居然是 1.5 份，真的很生气！我们最后根本吃不下，浪费了太多！从来没有见过如此不真诚的店！

另外点评一下 88 元一份的猪肚汤，不知道是厨师手抖了还是怎样，全是胡椒，辣得要命！后来要求重新上一份，还是不行，没法当汤喝！

商家回应：158××××××××，手机同微信号，下次用餐可以联系我哦！

顾　　客：烤肉很难吃！端上来温的，有几块还是冷的呵呵，不得不用炭火烤！看来店家濒临倒闭境地了，炭火都上不起了！服务员态度很差！钱少了态度就比较差了呵呵！势利眼黑心的一家店！店家自己搞错的问题消费者背锅，那个男服务员还一直追问怎么买的券，一个账号买了 4 单，本来想给好评，这种态度只能给差评了，让消费者买了又退款很好玩吗？

商家回应：谢谢您，不需要您的好评！低素质的"羊毛党"！

顾　　客：天气冷了想吃大闸蟹了，在大众点评看见五星评价挺好的，LJ 阳澄湖大闸蟹专卖店，上海老品牌了。买了一份 286 元大闸蟹（6 只），进大闸蟹店验码时顺便看了一下，觉得店很小，怎么广告做得这么好，当时觉得应该是 LJ 大闸蟹质量好吧。

商家回应：你好，你的点评我看了 5 遍，我看你发的点评就一条，也就评价我们家了，感谢你的支持。你说 286 元的螃蟹给你小了，但是我们286元的其实已经很大了，你自己称下就知道了，你觉得蟹不好，没事，我们有一个赔一个，这个是我微信一直说的我没办法保证每个都好。你说偶尔一只不好我能理解，你说6只都不好，我实在是没想法，按照正常我买东西6个都那么不好，这家店我肯定要打电话去询问到底什么问题，让商家给我解决处理，毕竟是280元的东西，我也不能白花钱，您说对不对？没事的，你觉得不好可以联系我，不好我赔您。你说隔壁家好，肯定你也住在附近，所以也很了解附近很多家卖大闸蟹肯定有比我们好的，也有比我们家蟹便宜的，我们也不可能做到每只螃蟹都好，但是我们做得不好你找我，我赔，这个总可以吧。但是你没有给我赔的机会也没打电话，我们也很着急。我们也要自己查验到底是我们哪个环节出了问题不是吗？你说我们的点评都是刷的，这个我以性命担保，我们没有刷过。所以也请理解有个别现象，你找我，我们来解决，不好就不好，有一个赔一个，麻烦您及时联系我：138×××××××，谢谢光临。

顾　　客：量太少了，点了半只羊，吃都没吃饱。真是坑。不建议来。

商家回应：年轻人，现在挣钱不容易啊，不能到处"拔草"哦。最近猪肉价格涨得厉害，羊价也在涨，羊小了农户都舍不得卖，所以现在的羊都偏大。你们才吃到半饱，只能说你们的战斗力太强大了，如果是自助的，估计也撑不了多久！凉菜汤锅配菜的设计，就是以羊肉为主，其他是素菜，这样搭配才健康。羊蹄是以前的赠送品，今年没有，当然没有价格。羊筋不巧用完了，套餐价格为78元，折扣价60多元，退您78元，没问题吧。现在的水果是葡萄加鲜榨蜜橘汁，吃完羊肉，喝点蜜橘汁，特别解油腻。你们买单时的情形我都看到了，没有为难你们吧。人生就是一场不断完善自我的修行，感谢您的点评！

顾　　客：价格是真的很贵，四个人598元没有吃饱，菜量很少。明明上错锅底，服务员各种理由，拿人当傻子，甚至说我们家鸳鸯锅今天没有了，让我们喝锅里的汤，生羊肉煮的冰水，血都在汤里，能喝吗？不会再去了。

商家回应： 感谢贵宾的光临！接待过程中如有照顾不周的地方请多多包涵！在当日套餐销量太多的情况下，也可能会造成少数鸳鸯锅上不来，请多多理解！期待您的下次光临！

顾　　客： 服务还行，蔬菜还不错。别的真难吃啊！

商家回应： 感谢贵宾的光临！接待过程中如有照顾不周的地方，请多多包涵！我们将努力做好产品和服务！期待您的下次光临！

顾　　客： 7 个人，也没吃啥，消费 1 600 元。服务员服务意识差，上壶开水，喊了 5 遍，都没拿过来。

商家回应： 感谢贵宾的光临！店面有团购、代金券、充值赠送、VIP 至尊卡、加入会员群抽奖等活动供贵宾选择哦！我们会加强对员工的管理，希望贵宾下次过来有一个不一样的体验！期待您的下次光临！

顾　　客： 疫情影响，不需要排队，和我家老公两个人。有些菜品一直是售罄状态，有点遗憾。

商家回应： 客官您好，非常您一直以来对 GML 的支持与关注，GML 全体丫头小二恭候您的再次光临！即刻关注 GML 微信公众号，今后第一时间获得门店上新及最新优惠信息哦！

顾　　客： 需要自己动手烤肉，服务员态度很差。

商家回应： 年关人手确实紧缺，没有更多的时间给到大家，在高峰期需要贵宾们自己动手，由此也能体验到烤肉的乐趣。我们也会加强整改和完善，希望能继续支持我们，我们会给大家更好的体验。

顾　　客： 点的外卖，死活不接单，害我浪费 10 块钱抵用券！！！垃圾！

商家回应： 很抱歉，这是今天系统出现故障问题，给您造成不便，希望您谅解。

顾　　客：请朋友吃饭，冲着点评高分去的。订的包间，是用布帘隔出的一个空间，私密性较差。整个大厅环境不错，可以抚琴、喝茶，菜品个人觉得中规中矩，不怎么好吃。最后上的汤品里面有一个线头，跟服务员反馈了情况，说给我们再换一份，当时已经没有胃口，买单走人了。希望店家能够督促后厨，杜绝此种情况再次发生。

商家回应：尊敬的朋友，感谢您的惠顾，也非常感谢您对我们工作的提醒。很遗憾因为我们的服务疏漏影响了您的用餐体验，内心深感不安，这里我代表 LCS 服务团队向您诚恳地深致歉意！您反馈的问题我们正在内部排查中。如您方便建议加下我的工作微信：wang××××，以向您了解详情。谢谢！

顾　　客：很不明白这家店是怎么评上黑珍珠的。服务态度不端正，点菜半小时后只上了一只盐水鸭，催促服务员上菜加快速度，服务员来一句"你点的东坡肉和鱼汤比较久"。

商家回应：亲爱的宾客：您好！非常感谢您选择 ML 餐厅用餐，很抱歉此次未能让您满意，同时您反映的问题我们会反馈给相应部门，我们会继续努力为更多客人提供满意的用餐体验。ML 餐厅一直深受客人喜爱，以美味的菜品和细意浓情的服务吸引着八方来客，期待能再次为您提供服务，祝您生活愉快！

参考文献

一、中文文献

[1] 陈新仁. 2004. 论语用平衡［J］. 外语学刊，6.

[2] 陈新仁. 2009. 批评语用学：目标、对象与方法［J］. 外语与外语教学，12.

[3] 陈新仁. 2010. 社会用语中的指称问题［C］//苗兴伟，刘振前. 外语研究的跨学科视野. 北京：高等教育出版社.

[4] 陈新仁，袁周敏. 2010. 汉语新闻标题中的身份表达：社会心理语用学视角［C］//高一虹. 中国社会语言学：2010 年第 1 期. 北京：高等教育出版社.

[5] 陈新仁，陈娟. 2012. 模糊性商业广告用语的批评语用分析：以房产广告用语为例［J］. 外国语言文学，4.

[6] 陈新仁. 2013a. 语用身份：动态选择与话语建构［J］. 外语研究，4.

[7] 陈新仁. 2013b. 批评语用学视角下的社会用语研究［M］. 上海：上海外语教育出版社，上海.

[8] 陈新仁. 2018a. 言语交际者关系管理模式新拟［J］. 外语教学理论与实践，3.

[9] 陈新仁. 2018b. 语用身份论：如何用身份话语做事［M］. 北京：北京师范大学出版社.

[10] 陈新仁. 2018c. 商业广告"身份套路"的批评语用分析［J］. 山东外语教学，5.

[11] 董秀芳. 2010. 汉语中表示承诺的言语施为动词［J］. 汉语学习，2.

[12] 杜伟强，于春玲，赵平. 2011. 论坛客观性与网络口碑接收者的态度［J］. 心理学报，8.

[13] 郭国庆，陈凯，何飞. 2010. 消费者在线评论可信度的影响因

185

素研究［J］. 当代经济管理，10.

［14］何荷，陈新仁. 2015. 网店店主关系身份建构的语用研究［J］.现代外语，3.

［15］胡丹. 2011. 低调陈述修辞格的批评语用研究［J］. 江西社会科学，5.

［16］胡旭辉，陈新仁. 2014. 批评语篇分析的关联视角［J］. 外语学刊，1.

［17］黄永红. 2001. 对言语行为"道歉"的跨文化研究［J］. 解放军外国语学院学报，5.

［18］蒋庆胜. 2019. 近十年语用身份研究：五种路径与方法［J］.福建师范大学学报（哲学社会科学版），1.

［19］金梅，袁周敏. 2020. 中国网络购物评论中的抱怨语研究［J］.外语学刊，4.

［20］赖小玉. 2014. 家庭冲突中强势反对的不礼貌研究［J］. 现代外语，1.

［21］李成团，冉永平. 2012. 他人身份的隐含否定及其人际和谐的语用取向［J］. 中国外语，5.

［22］李成团，冉永平. 2015. 身份构建的人际语用学研究：现状、原则与议题［J］. 中国外语，2.

［23］李晶晶. 2019. 多模态批评话语分析视角下的口译过程研究［J］. 外国语（上海外国语大学学报），6.

［24］吕金妹，詹全旺. 2020. 危机语境中企业网络身份的构建路径及人际语用联动机制［J］. 现代外语，4.

［25］吕秀莹. 2011. 浅析 Web 2.0 环境下我国第三方点评网站的发展现状：以大众点评网和豆瓣网为例［J］. 东南大学学报（哲学社会科学版），A1.

［26］钱永红. 2019. 网络电信诈骗话语中虚假身份建构的顺应性阐释［J］. 浙江外国语学院学报，5.

［27］钱永红. 2022. 欺诈性广告中模糊话语的批评语用研究［M］.广州：暨南大学出版社.

［28］冉永平. 2006. 语用学：现象与分析［M］. 北京：北京大学出

版社.

［29］冉永平. 2010. 冲突性话语趋异取向的语用分析［J］. 现代外语，2.

［30］冉永平，杨巍. 2011. 人际冲突中有意冒犯性话语的语用分析［J］. 外国语（上海外国语大学学报），3.

［31］冉永平. 2012a. 人际交往中的和谐管理模式及其违反［J］. 外语教学，4.

［32］冉永平. 2012b. 缓和语的和谐取向及其人际语用功能［J］. 当代外语研究，11.

［33］任育新. 2013. 学术建议中专家个人身份建构的顺应性研究［J］. 外语与外语教学，6.

［34］唐宏峰. 2011. 网络时代的影评：话语暴力、独立精神与公共空间［J］. 当代电影，2.

［35］田海龙. 2006. 语篇研究的批评视角：从批评语言学到批评话语分析［J］. 山东外语教学，2.

［36］田海龙. 2016. 话语研究的语言学范式：从批评话语分析到批评话语研究［J］. 山东外语教学，6.

［37］王关丽. 2010. 由"三鹿奶粉事件"论我国企业诚信问题［J］. 商业经济，7.

［38］王瑾. 2020. 生态话语分析：话题、特征及启示［J］. 外语教学，4.

［39］王雪玉. 2013. 广告语篇中广告主身份建构的历时研究［D］. 南京：南京大学.

［40］吴珏. 2014. 语用身份观视角下的新闻标题主观性研究［D］. 南京：南京大学.

［41］向明友. 2018. 言语行为理论评注［J］. 现代外语，4.

［42］徐建华. 2005. 近年我国烟草广告语用策略的批评［J］. 修辞学习，1.

［43］杨晨. 2013. 现代性视域中的中国网络影评：感性消费与话语暴力［J］. 电影艺术，1.

［44］袁周敏. 2009. 论汉语直接抱怨语［J］. 语言文字应用，1.

［45］袁周敏．2011．顺应论视角下医药咨询顾问语用身份建构的实证研究［D］．南京：南京大学．

［46］袁周敏．2011．社会心理学与语用学视角下的身份研究［J］．外语学刊，4．

［47］袁周敏．2015．基于商业咨询顾问话语实践的身份建构研究［M］．广州：暨南大学出版社．

［48］袁周敏．2016．关系管理理论及其运作［J］．中国外语，1．

［49］袁周敏，韩璞庚．2018．网络语言视域下的网络文化安全研究［J］．外语教学，1．

［50］张爱玲．2017．国内外致谢语研究述评［J］．云南师范大学学报（对外汉语教学与研究版），2．

［51］张海洋．2006．中国的多元文化与中国人的认同［M］．北京：民族出版社．

［52］张遥．2018．从"话语权利"到"话语暴力"：当下网络影评的情绪化生成及其思想价值［J］．学习与探索，4．

［53］张元元，刘陈艳．2012．大学生英语请求言语行为中的语用失误研究［J］．内蒙古农业大学学报（社会科学版），2．

［54］支永碧．2011．政治话语虚假语用预设的批评性分析［J］．社会科学家，9．

［55］支永碧．2013．政治话语名词化语用预设的批评性分析［J］．社会科学家，9．

二、英文文献

［1］AIJMER K．1996．Conversational routines in English［M］．London：Longman．

［2］ALDRIN E．2018．Naming, identity and social positioning in teenager's everyday mobile phone interaction［J］．Names，3．

［3］ANDERSON M & MAGRUDER J．2012．Learning from the crowd：regression discontinuity estimates of the effects of an online review database［J］．Economics journal，563．

［4］ANTAKI C & WIDDICOMBE S．1998．Identities in talk［C］．London: Sage.

[5] ARCHAK N, GHOSE A & IPEIROTIS P G. 2011. Deriving the pricing power of product features by mining consumer reviews [J]. Management science, 8.

[6] ARUNDALE R. 2006. Face as relational and interactional: a communication framework for research on face, facework, and politeness [J]. Journal of politeness research, 2.

[7] AUSTIN J L. 1962. How to do things with words [M]. Oxford: Oxford University Press.

[8] BEETZA J & SCHWAB V. 2018. Conditions and relations of (re) production in marxism and discourse studies [J]. Critical discourse studies, 4.

[9] BENWELL B & STOKOE E. 2006. Discourse and identity [M]. Edinburgh: Edinburgh University Press.

[10] BLITVICH P G. 2009. Impoliteness and identity in the American news media: the "culture wars" [J]. Journal of politeness research, 5.

[11] BLOMMAERT J & BULCAEN C. 2000. Critical discourse analysis [J]. Annual review of anthropology, 29.

[12] BLUM-KULKA S & OLSHTAIN E. 1984. Requests and apologies: a cross-cultural study of speech act realization patterns (CCSARP) [J]. Applied linguistics, 5.

[13] BLUM-KULKA S, HOUSE J & KASPER G. 1989. Cross-cultural pragmatics: requests and apologies (Vol. 31) [C]. Norwood, NJ: Ablex.

[14] BOLANDER B & LOCHER M A. 2015. "Peter is a dumb nut": status updates and reactions to them as "acts of positioning" in facebook [J]. Pragmatics, 1.

[15] BOUSEFIELD D. 2008. Impoliteness in interaction [M]. Amsterdam: John Benjamins.

[16] BREWER M & GARDNER W. 1996. Who is this "we"? Levels of collective identity and self representations [J]. Journal of personality and social psychology, 1.

[17] BROWN P & LEVINSON S C. 1987. Politeness: some universals

in language usage ［M］. Cambridge：CUP.

［18］ BUCHOLTZ M & HALL K. 2005. Identity and interaction：a socio-cultural linguistic approach ［J］. Discourse studies，4 – 5.

［19］ BUCHOLTZ M & HALL K. 2008. Finding identity：theory and data ［J］. Multilingual，1 – 2.

［20］ BUCHOLTZ M & HALL K. 2010. Locating identity in language ［C］//LLAMAS C & WATT D（eds.）. Language and identities. Edinburgh：Edinburgh University Press.

［21］ BURKE P J & TULLY J C. 1977. The measurement of role identity ［J］. Social forces，4.

［22］ CAP P. 2014. Applying cognitive pragmatics to critical discourse studies：a proximization analysis of three public space discourses ［J］. Journal of pragmatics，70.

［23］ CHAMPOUX V，DURGEE J & MC GLYNN L. 2012. Corporate facebook pages：when "fans" attack ［J］. Journal of business strategy，2.

［24］ CHEN X R. 2020. Critical pragmatic studies of Chinese public discourse ［M］. London：Routledge.

［25］ CHEVALIER J A & MAYZLIN D. 2006. The effect of word of mouth on sales：online book reviews ［J］. J. Res. Mark，3.

［26］ COCKRUM J. 2011. Free marketing：101 low and no-cost ways to grow your business，online and off ［M］. New York：Wiley.

［27］ COULMAS F. 1981. "Poison to your soul"：thanks and apologies contrastively viewed ［C］//COUMAS F（ed.）. Conversational routine. Mouton：The Hague.

［28］ DAVIDOW M. 2003. Organizational responses to customer complaints：what works and what doesn't ［J］. Journal of service research，3.

［29］ DE FINA A. 2003. Identity in narrative：a study of immigrant discourse ［M］. Amsterdam：John Benjamins.

［30］ DE FINA A. 2006. Group identity, narrative and self-representations ［C］//DE FINA A，SCHIFFRIN D & BAMBERG M（eds.）. Discourse and identity. Cambridge：Cambridge University Press.

［31］ DE FINA A. 2010. The negotiation of identities ［C］//LOCHER M A & SAGE L (eds.). Interpersonal pragmatics. Berlin：Mouton.

［32］ DE FINA A, SCHIFFRIN D & BAMBERG M. 2006. Discourse and identity ［C］. Cambridge：Cambridge University Press.

［33］ DIJKMANS C, KERKHOF P & BEUKEBOOM C J. 2015. A stage to engage：social media use and corporate reputation ［J］. Tourism management, 47.

［34］ D ISTANBULLUOGLU. 2017. Complaint handling on social media：the impact of multiple response times on consumer satisfaction ［J］. Computers in human behavior, 74.

［35］ DOLÓN R & TODOLÍ J (eds.). 2008. Analyzing identities in discourse ［C］. Amsterdam：John Benjamins.

［36］ DONAGHUE H. 2018. Relational work and identity negotiation in critical post observation teacher feedback ［J］. Journal of pragmatics, 135.

［37］ EELEN G. 2001. Critique of politeness theories ［M］. Manchester：St Jerome Press.

［38］ FAIRCLOUGH N. 1995. Critical discourse analysis：the critical study of language ［M］. London and New York：Longman.

［39］ FAIRCLOUGH N L. 1989. Language and power ［M］. London：Longman Group Limited.

［40］ FRASER B & NOLAN W. 1981. The association of deference with linguistic form ［C］//WALTERS J (ed). The sociolinguistics of deference and politeness. The Hague：Mouton.

［41］ FRASER B. 1981. On apologizing ［C］//COULMAS F (ed.). Conversational routine：exploration in standardized communication situations and prepatterned speech. The Hague：Mouton.

［42］ FRASER B. 1990. Perspectives on politeness ［J］. Journal of pragmatics, 2.

［43］ GAO S, TANG O, WANG H W & YIN P. 2018. Identifying competitors through comparative relation mining of online reviews in the restaurant industry ［J］. International journal of hospitality management, 71.

［44］ GARCÉS-CONEJOS B P, LORENZO-DUS N & BOU-FRANCH P. 2010. A genre approach to impoliteness in a Spanish television talk show: evidence from corpus-based analysis, questionnaires and focus groups ［J］. Intercultural pragmatics, 7/4.

［45］ GHOSE A, IPEIROTIS P. 2011. Estimating the helpfulness and economic impact of product reviews: mining text and reviewer characteristics ［J］. IEEE Trans. Knowl. Data Eng. , 10.

［46］ GOFFMAN E. 1967. Interaction ritual: essays on face-to-face behaviour ［M］. New York: Pantheon.

［47］ GRAD H & ROJO L M. 2008. Identities in discourse ［C］// DOLÓN R & TODOLÍ J (eds.). Analyzing identities in discourse. Amsterdam: John Benjamins.

［48］ GRAHAM S L. 2007. Disagreeing to agree: conflict, (im) politeness and identity in a computer-mediated community ［J］. Journal of pragmatics, 39.

［49］ GRETZEL U, YOO K H & PURIFOY M. 2007. Online travel review study: role and impact of online travel reviews ［EB/OL］. http://www. tripadvisor. com/pdfs/Online Travel Review Report. pdf.

［50］ GU Y. 1990. Politeness phenomena in modern Chinese ［J］. Journal of Pragmatics, 14.

［51］ GU Y. 1998. Politeness and Chinese face ［R］. Lecture given in the department of linguistics. Luton: University of Luton.

［52］ HALL S. 1996. Introduction: who need identity? ［C］//Hall S & du Gay P (eds.). Questions of cultural identity. London: Sage.

［53］ HALLIDAY M A K. 1995. An introduction to functional grammar ［M］. London: Edward Arnold.

［54］ HARNISH R M. 1994. Mood, meaning and speech acts ［C］// TSOHATZIDIS S L (ed.). Foundations of speech act theory: philosophical and linguistic perspectives. London: Routledge.

［55］ HAUGH M, CHANG W M & KÁDÁR D Z. 2015. "Doing deference": identities and relational practices in Chinese online boards ［J］.

Pragmatics, 1.

[56] HAUGH M. 2010. When is an email really offensive? Argumentativity and variability in evaluations of impoliteness [J]. Journal of politeness research, 6/1.

[57] HAUGH M. 2015. Im/Politeness implicatures [M]. Berlin: Mouton de Gruyter.

[58] HECHT M L, COLLIER M J & RIBEAU S. 1993. African American communication: ethnic identity and cultural interpretation [M]. Newbury Park, CA: Sage.

[59] HENNIG-THURAU T, MALTHOUSE E C, FRIEGE C, GENSLER S, LOBSCHAT L & RANGASWAMY A et al. 2010. The impact of new media on customer relationships [J]. Journal of service research, 3.

[60] HERITAGE J & CLAYMAN S. 2010. Talk in action: interactions, identities and institutions [M]. New Jersey: Wiley-Blackwell.

[61] HERZBERG F, MAUSNER B & SNYDERMAN B B. 1959. The motivation to work [M]. New York: Wiley.

[62] HIGGINS C. 2007. Constructing membership in the in-group: afiliation and resistance among Urban Tanzanians [J]. Pragmatics, 1.

[63] HO V. 2017. Giving offense and making amends: how hotel management attempts to manage rapport with dissatisfied customers [J]. J. Pragmat, 109.

[64] HO V. 2010. Constructing identities through request e-mail discourse [J]. Journal of pragmatics, 8.

[65] HOLMES J & RIDDIFORD N. 2010. Professional and personal identity at work: achieving a synthesis through intercultural workplace talk [J]. Journal of intercultural communication, 22.

[66] HOLMES J. 1992. An introduction to sociolinguistics [M]. London: Longman.

[67] HOLMES J. 2005. Story-telling at work: a complex discursive resource for integrating personal, professional and social identities [J]. Discourse studies, 6.

［68］ HOLMES J. 2006. Workplace narratives, professional identity and relational practice ［C］//DE FINA A, SCHIFFRIN D & BAMBERG M (eds.). Discourse and identity. Cambridge: Cambridge University Press.

［69］ IDE S. 1989. Formal forms and discernment: two neglected aspects of universals of linguistic politeness ［J］. Multilingual, 8.

［70］ JANSEN J. 2010. Online product research: pew internet & American life project ［EB/OL］. http://pewresearch.org/pubs/1747/e-shopping-researched-product-service-online.

［71］ JAWORSKI A & COUPLAND N. 1999. The discourse reader ［M］. London: Routledge.

［72］ JOSEPH J. 2004. Language and identity ［M］. London: Palgrave Macmillan.

［73］ JUNG E & HECHT M L. 2004. Elaborating the communication theory of identity: identity gaps and communication outcomes ［J］. Communication quarterly, 3.

［74］ KÁDÁR D Z & HAUGH M. 2013. Understanding politeness ［M］. Cambridge: Cambridge University Press.

［75］ KOZINETS R V, DE VALCK K, WOJNICKI A C & WILNER S J. 2010. Networked narratives: understanding word-of-mouth marketing in online communities ［J］. Journal of marketing, 2.

［76］ KRESS G & VAN LEEUWEN T. 1990. Reading images ［M］. Geelong: Deakin University Press.

［77］ KRESS G & VAN LEEUWEN T. 1996. Reading images: the grammar of visual design ［M］. London: Routledge.

［78］ KROSKRITY P. 2000. Identity ［J］. Journal of linguistic anthropology, 9.

［79］ LEECH G N. 2007. Politeness: is there an east-west divide? ［J］. Journal of politeness research, 3.

［80］ LEECH G N. 1983. Principles of pragmatics ［M］. London & New York: Longman.

［81］ LEECH G N. 2014. The pragmatics of politeness ［M］. Oxford:

Oxford University Press.

[82] LEUNG D, LAW R, VAN HOOF H & BUHALIS D. 2013. Social media in tourism and hospitality: a literature review [J]. Journal of travel & tourism marketing, 1 – 2.

[83] LEVY S E, DUAN W & BOO S. 2013. An analysis of one-star online reviews and responses in the Washington DC, lodging market [J]. Cornell hospitality quarterly, 1.

[84] LITVIN S & HOFFMAN L. 2012. Responses to Consumer-generated media in the hospitality marketplace: an empirical study [J]. Journal of vacation marketing, 2.

[85] LOCHER M A & HOFFMANN S. 2006. The emergence of the identity of a fictional expert advice-giver in an American internet advice column [J]. Text & talk, 1.

[86] LOCHER M A. 2011. Situated impoliteness: the interface between relational work and identity construction [C] //DAVIES B, HAUGH M & MERRISON A (eds.). Situated politeness. London: Continuum.

[87] LOCHER M A. 2006. Polite behavior within relational work: the discursive approach to politeness [J]. Multilingual, 25.

[88] LOCHER M A. 2013. Relational work and interpersonal pragmatics [J]. Journal of pragmatics, 58.

[89] LOCKE T. 2004. Critical discourse analysis [M]. London and New York: Continuum.

[90] LOOKER A, ROCKLAND D & TAYLOR-KETCHUM E. 2007. Media myths and realities: a study of 2006 media usage in America [J]. Tactics, 6.

[91] LORENZO-DUS N. 2005. A rapport and impression management approach to public figures' performance of talk [J]. Journal of pragmatics, 37/5.

[92] LORENZO-DUS N. 2009. "You're barking mad-I'm out": impoliteness and broadcast talk [J]. Journal of politeness research, 5/2.

[93] LUO Q & ZHONG D. 2015. Using social network analysis to explain communication characteristics of travel-related electronic word-of-mouth

on social networking sites [J]. Tourism management, 46.

[94] MAO L R. 1994. Beyond politeness theory: "face" revisited and renewed [J]. Journal of pragmatics, 21.

[95] MATSUMOTO Y. 1988. Reexamination of the universality of face: politeness phenomena in Japanese [J]. Journal of pragmatics, 12.

[96] MAYZLIN D. 2006. Promotional chat on the internet [J]. Marketing science, 25.

[97] MCCAWLEY J D. 1977. Remarks on the lexicography of performative verbs [C] //ANDY R, MURPHY J & WALL B (eds.). Proceedings of the texas conference on performatives, presuppositions, and implicatures. Austin, TX: Center for applied linguistics, 13 – 26.

[98] MEY J. 1985. Whose Language? A study in linguistic pragmatics [M]. Amsterdam and Philadelphia: Benjamins.

[99] MEY J & ZUR K C. 1979. Sprach theories [C] //MEY J (ed.). Pragma-linguistics: Theory and Practice. The Hague: Mouton.

[100] MEY J. 1993. Pragmatics: an introduction [M]. London: Blackwell Publishers.

[101] MILLER E. 2013. Positioning selves, doing relational work and constructing identities in interview talk [J]. Journal of politeness research, 1.

[102] MILLS S. 2003. Gender and politeness [M]. Cambridge: Cambridge University Press.

[103] MORROW P R & KENTA Y. 2020. Online apologies to hotel guests in English and Japanese [J]. Discourse, context & media, 34.

[104] MUDAMBI S M & SCHUFF D. 2010. What makes a helpful online review? A study of customer reviews on amazon. com [J]. MIS quarterly, 1.

[105] NAKAYAMA M & WAN Y. 2018. Is culture of origin associated with more expressions? An analysis of yelp reviews on Japanese restaurants [J]. Tourism management, 66.

[106] O'CONNOR P. 2010. Managing a hotel's image on trip advisor [J]. Journal of hospitality marketing and management, 19.

[107] OLIVEIRA A W, SADLER T D & SUSLAK D F. 2007. The lin-

guistic construction of expert identity in professor-student discussions of science [J]. Cultural studies of science education, 2.

[108] OLSHTAIN E. 1989. Apologies across languages [C] //BLUM-KULKA S, HOUSE J & KASPER G (eds.). Cross-cultural pragmatics: requests and apologies. Norwood, NJ: Ablex.

[109] PARK S Y & ALLEN J P. 2013. Responding to online reviews problem solving and engagement in hotels [J]. Cornell hospitality quarterly, 1.

[110] Qian Y H. 2020. Apologies in Chinese restaurants' responses to negative online reviews and rapport management: a cross-cultural perspective [J]. Sinologia hispanica: China studies review.

[111] Quach S & Thaichon P. 2017. From connoisseur luxury to mass luxury: value co-creation and co-destruction in the online environment [J]. Journal of business research, 81.

[112] REBECCA D, YURI S & JOYA K. 2019. Complaining practices on social media in tourism: a value co-creation and co-destruction perspective [J]. Tourism management, 73.

[113] REN W. 2018. Mitigation in Chinese online consumer reviews [J]. Discourse context and media, 1 – 8.

[114] REN Y X. 2012. Constructing identities in academic advising interaction: an adaptationist account [D]. Unpublished doctoral dissertation. Nanjing: Nanjing University.

[115] SACKS H. 1972. An initial investigation of the usability of conversational data for doing sociology [C] //SUDNOW D (ed.). Studies in social interaction. New York: Free Press.

[116] SCHIFFRIN D, TANNEN D & HAMILTON H E. 2003. Handbook of discourse analysis [M]. New Jersey: Wiley-Blackwell.

[117] SCHNURR S. 2009. Constructing leader identities through teasing at work [J]. Journal of pragmatics, 41.

[118] SCOLLON R. 2001. Action and text: toward and integrated understanding of the place of text in social (inter) action mediated discourse analysis and the problem of social action [C] //WADAK & MAYER (eds.).

Methods of critical discourse analysis. London: Sage.

[119] SEARLE J. 1969. Speech acts [M]. New York: Cambridge University Press.

[120] SEARLE J R. 1969. Speech acts: an essay in the philosophy of language [M]. London: Cambridge University Press.

[121] SIMON B. 2004. Identity in modern society: a social psychological perspective [M]. Oxford: Blackwell.

[122] SPENCER-OATEY H. 2000. Rapport management: a framework for analysis [C] //SPENCER-OATEY H (ed.). Culturally speaking: managing rapport through talk across cultures. London: Continuum.

[123] SPENCER-OATEY H & XING J. 2000. Issues of face in a Chinese business visit to Britain [C] //SPENCER-OATEY H (ed.). Culturally speaking: culture, communication and politeness theory (2nd Edition). London: Continuum.

[124] SPENCER-OATEY H. 2002. Managing rapport in talk: using rapport sensitive incidents to explore the motivational concerns underlying the management of relations [J]. Journal of pragmatics, 34.

[125] SPENCER-OATEY H & XING J Y. 2003. Managing rapport in intercultural business interactions: a comparison of two Chinese-British welcome meetings [J]. Journal of intercultural studies, 24.

[126] SPENCER-OATEY H & XING J Y. 2004. Rapport management problems in Chinese-British business interactions: a case study [C] //HOUSE J & REHBEIN J (eds.). Multilingual communication. Amsterdam: John Benjamins.

[127] SPENCER-OATEY H. 2005. (Im) Politeness, face and perceptions of rapport: unpackaging their bases and interrelationships [J]. Journal of politeness research, 1.

[128] SPENCER-OATEY H. 2008. Culturally speaking: culture, communication and politeness [M]. London: Continuum.

[129] SPENCER-OATEY H. 2008. Face, (im) politeness and rapport management [C] //SPENCER-OATEY H (ed.). Culturally speaking: cul-

ture, communication and politeness theory (2nd Edition). London: Continuum.

[130] SPENCER-OATEY H & FRANKLIN P. 2009. Intercultural interaction: a multidisciplinary approach to intercultural communication [M]. Basingstoke, UK: Palgrave Macmillan.

[131] SPENCER-OATEY H. 2009. Face, identity and interactional goals [C] //BARGIELA-CHIAPPINI F & MICHAEL H (eds.). Face, communication and social interaction. London and Oakville: Equinox.

[132] SPENCER-OATEY H. 2011. Conceptualising "the relational" in pragmatics: insights from metapragmatic emotion and (im) politeness comments [J]. Journal of pragmatics, 14.

[133] SPENCER-OATEY H. 2013. Relating at work: facets, dialectics and face [J]. Journal of pragmatics, 58.

[134] STRYKER S. 2002. Symbolic interactionism: a social structural version [M]. New Jersey: Blackburn Press.

[135] SWALES J. 2004. Research genres: explorations and applications [M]. Cambridge: CUP.

[136] TAJFEL H & TURNER J C. 1986. The Social identity theory of inter-group behavior [C] //WORCHEL S & AUSTIN W G (eds.). Psychology of intergroup relations. Chicago: Nelson-Hall.

[137] TAJFEL H. 1981. Human groups and social categories: studies in social psychology [M]. Cambridge: Cambridge University Press.

[138] TAJFEL H. 1982. Social identity and ingroup relations [M]. Cambridge: Cambridge University Press.

[139] TIAN Y. 2013. Engagement in online hotel reviews: a comparative study [J]. Discourse context media, 3.

[140] TING-TOOMEY S & KUROGI A. 1998. Facework competence in intercultural conflict: an updated face-negotiation theory [J]. International journal of intercultural relations, 22.

[141] VAN DE MIEROOP D. 2007. The complementarity of two identities and two approaches: quantitative and qualitative analysis of institutional and

professional identity [J]. Journal of pragmatics, 39.

[142] VAN DIJK T A. 1993. Principles of critical discourse analysis [J]. Discourse & society, 2.

[143] VAN DIJK T. 2001. Critical discourse analysis [C] //TANNEN D, SCHIFFRIN D & HAMILTON H (eds.). Handbook of discourse analysis. Oxford: Blackwell.

[144] VÁSQUEZ C. 2011. Complaints online: the case of trip advisor [J]. J. Pragmat., 43.

[145] VÁSQUEZ C. 2013. Narrativity and involvement in online consumer reviews: the case of trip advisor [J]. Narrat. Inq., 1.

[146] VELASCO-SACRISTAN M & FUERTES-OLIVERA P A. 2006. Towards a critical cognitive-pragmatic approach to gender metaphors in advertising English [J]. Journal of pragmatics, 38.

[147] VENDLER Z. 1972. Res cogitans: an essay in rational psychology [M]. Ithaca, NY: Cornell University Press.

[148] VERCHUEREN J. 1999. Understanding pragmatics [M]. London: Anold.

[149] VERSCHUEREN J. 2007. Pragmatic steps to an ecology of the public sphere [Z]. The recent 10th annual meeting of Japan Society of Pragmatics (JSP). Hirakata: Kansai Gaidai University.

[150] VERSCHUEREN J. 1987. Linguistic action: some empirical-conceptual studies [M]. Norwood, NJ: Ablex Pub. Corp.

[151] WATTS R. 2003. Politeness [M]. Cambridge: Cambridge University Press.

[152] WEI F & REN W. 2019. "This is the destiny, darling": relational acts in Chinese management responses to online consumer reviews [J]. Discourse, context & media, 28.

[153] WIDDICOMBE S. 1998. Identity as an analyst's and a participant's resource [C] //ANTAKI C & WIDDICOMBE S (eds.). Identities in talk. London: Sage.

[154] WIERZBICKA A. 1987. English speech act verbs: a semantic

dictionary [M]. Sydney: Academic Press.

[155] WILKINSON S & KITZINGER C. 2003. Constructing identities: a feminist conversation analytic approach to positioning in action [C] //HARRÉ R & MOGHADDAM F (eds). The self and others: positioning individuals and groups in personal, political, and cultural contexts. Westpoint, CT: Praeger.

[156] WODAK R. 1989. Language, power and ideology [M]. Amsterdam: John Benjamins.

[157] WODAK R. 2001. What CDA is about: a summary of its history, important concepts and its developments [C] //WODAK R & MEYER M (eds.). Method of critical discourse analysis. London: Sage Publications.

[158] WODAK R. 2011. Critical linguistics and critical discourse analysis [C] //ZIENKOWSKI J, OSTMAN J & VERSCHUEREN J. Discursive pragmatics: a handbook of pragmatics highlights. Amsterdam: John Benjamins.

[159] WODAK R & MEYER M. 2001. Methods of critical discourse analysis (1st ed.) [C]. London: Sage Publications.

[160] WUNDERLICH D. 1976. Studien zur sprechakttheorie [M]. Frankfurt: Suhrkamp.

[161] XIANG Z & GRETZEL U. 2010. Role of social media in online travel information search [J]. Tourism management, 2.

[162] ZHANG Y & VáSQUEZ C. 2014. Hotels' responses to online reviews: managing consumer dissatisfaction [J]. Discourse, context and media, 6.

[163] YOO K H & GRETZEL U. 2011. Influence of personality on travel-related consumer-generated media creation [J]. Computers in human behavior, 2.

[164] YUAN Z M. 2018. Exploring Chinese college students' construction of online identity on the Sina microblog [J]. Discourse, context & media, 26.

[165] ZENG B & GERRITSEN R. 2014. What do we know about social media in tourism? A review [J]. Tourism management perspectives, 10.

[166] ZIMMERMAN D H & WIEDER D L. 1970. Ethnomethodology and the problem of order: comment on denzin [C] //DOUGLAS J D (ed.).

Understanding everyday life： toward the reconstruction of sociological knowl-edge. Chicago： Aldine Publishing.

[167] ZIMMERMAN D H. 1998. Identity, context and interaction [C] //ANTAKI C & WIDDICOMBE S (eds.). Identities in talk. London： Sage.

[168] ZINKHAN G M, KWAK H, MORRISON M & PETERS C O. 2003. Web-based chatting： consumer communication in cyberspace [J]. Jour-nal of consumer psychology, 13.